심장을
뛰게
하라

심장을 뛰게 하라

추일승 지음

농구, 그리고 농구코치

농구란 스포츠가 탄생한 지는 벌써 100년도 훨씬 더 넘었다. 정확히 계산하자면 제임스 네이스미스(James A. Naismith) 박사가 이 멋진 운동을 처음 만들어 세상에 내놓은 해가 1891년이므로, 올해가 딱 125주년이다.

국내에는 1907년 미국인 선교사 필립 질레트(Phillip L. Gillette)가 당시 조선에 농구를 처음 전파했다고 알려졌다. YMCA 등을 중심으로 활발히 보급되기 시작한 게 1916년경부터이니, 농구를 대한민국에서 100년 이상 이어져 온 '국민스포츠' 중 하나라 해도 그리 과장이 아닐 듯하다.

실제로 농구는 우리 역사 속에서 국민과 기쁨을 함께 나누며 성장해온 운동이다. 일제강점기에는 민족의 기상을 세워준 엘리트 종목 중 하나였다. 현동완과 바이런 팻 반하트(Byron Pat Barnhart)를 중심으로 창단한 YMCA 농구단은 1920년대부터 일본 등지로 국제 경기에 나서기 시작했다. 광복 직후 남자농구는 1948년 제14회 런던 올림픽에서 대한민국 구기종목 최초로 예선을 통과해 8강에 올랐다. 1960년대부터는 아시아선수권대회에 출전해 1967년에는 준우승, 1969년에는 우승을 각각 차지했다.

여자농구는 아시아선수권대회가 생기자마자 1, 2회 대회를 우승하며 실력을 입증했고, 1980년대까지 무려 9차례나 우승하며 아시아의 맹주로 장기간 군림했다. 1979년 서울에서 열렸던 국제농구연맹(International Basketball Federation, 이하 FIBA) 월드컵에서는 미국을 비롯한 강호들을 차례로 꺾고 준우승을 차지했으며, 1984년 LA 올림픽에서는 유럽과 중국(당시 중공)의 장신숲을 차례로 뚫고 대한민국 역대 최초로 구기종목 은메달의 영광을 안았다.

대중적 인기를 얻기 시작한 농구는 1983년부터 국내 최고의 선수들이 모두 출전하는 농구대잔치 대회가 시작되고, 현대와 삼성, 기아 등 실업 강호들이 명승부를 펼치며 겨울 시즌 최고의 스포츠로 자리매김했다. 특히 1990년대 초 문경은, 우지원, 이상민, 서장훈 등을 앞세운 연세대학과 전희철, 김병철, 현주엽 등이 포진

농구의 창시자 제임스 네이스미스

한 고려대학은 당시 실업팀들을 위협하는 실력을 앞세워 농구 열
풍을 주도했다. 동네마다 농구를 즐기는 사람이 청소년을 중심으로
대폭 늘어났고, 너도나도 농구화를 신고 다니기 시작했으며, '오빠
부대'라는 신조어가 만들어지기도 했다.

이 여세를 몰아 1997년에는 프로농구가 출범하며 당시 세계적
흐름이던 스포츠의 프로화에 동참했다. 지역연고제 도입으로 전국
각지에서 수준 높은 농구경기를 직접 만날 수 있게 됐고, 저변도 더
넓어졌다. 1998년에는 여자농구에도 프로리그가 생겼다. 벌써 농
구도 프로스포츠로 운영된 지 20년이다.

게다가 2012년부터는 예전 농구대잔치 시절처럼 프로와 아마,
대학이 모두 겨루는 '프로-아마 최강전'이 열리면서 축구의 FA컵
과 같은 색다른 재미를 주기 시작했고, 프로리그는 팀 간 전력 평
준화와 좋은 신인들의 합류로 매 시즌 흥미진진한 양상을 보여주
는 중이다. 지난 2014년에는 12년 만에 아시안게임 우승을 차지했
을 뿐만 아니라 16년 만에 농구 월드컵에도 진출하는 등 세계 수준
과의 기량 격차를 조금씩 줄여나가고 있다. 여자 대표팀 역시 20년
만의 아시안게임 우승으로 남녀 동반 우승의 대업을 세웠다.

농구가 이렇게 우리에게 친숙하고 인기 있는 스포츠임에도 체계
적으로 지도받거나 전문 코치로 활동하는 사람이 비교적 적은 편이
라는 사실은 안타까운 점이다. 10~20대 남성이 가장 즐겨 하는 운
동 중 하나지만, 야구나 축구와 비교했을 때 학원스포츠나 상설 농
구교실의 수는 그리 많지 않다.

개인적으로 이런 현상이 생기는 이유 중 하나는 농구가 '가장 코

치하기 어려운 종목'이기 때문이라고 생각한다. 심지어 농구선수로 뛴 경험이 있는 사람들도 이런 이야기를 한다. 왜 농구는 코치하기 어려울까? 그 이유를 찾으려면 농구라는 종목에 관해 잠시 살펴볼 필요가 있겠다.

지구 상에서 가장 어려운 운동

무엇보다도 농구는 다른 종목에 비해 지도자가 고려할 사항이 상대적으로 더 많은 편이다. 농구에는 달리고 뛰고(점프하고) 던지는 운동행위의 세 가지 기본요소가 모두 포함되어 있다. 그래서 육상이나 수영 같은 기초종목이나 몇몇 2차원적 종목과 달리 3차원 공간에서 운동능력을 발휘하는 방법을 길러야 한다. 게다가 사람의 신체부위 중에서 가장 활용도가 높은 맨손을 주로 쓰는 운동이기도 하다.

팀 스포츠인 점도 짚고 넘어가야 한다. 개인경기가 아니므로 혼자만 잘해서는 절대 승리하지 못한다. 팀워크가 필요하다. 여느 단체종목과 다를 바 없지 않냐고 할 수도 있지만, 농구는 코트에서 뛰는 다섯 명의 선수가 공격과 수비를 같이 다 잘해야 하는 종목이다. 야구처럼 공격과 수비가 분명히 나뉘거나 축구나 럭비처럼 포지션에서부터 공격수와 수비수를 구분하지도 않는다. 농구는 한 명이라도 수비를 못 한다면 절대 좋은 성적을 낼 수 없다.

또한 농구는 전적으로 사람이 하는 스포츠다. 골프나 배드민턴처럼 기구를 사용하지 않는다. 배구나 테니스처럼 우리 팀과 상대 팀의 고유영역이 존중되지도 않는다. 이렇게 서로 신체를 맞대고 하는 운동은 아무리 첨단기술이 발달하고 세상이 달라진다 해도 선수의 심리상태나 체력, 컨디션 등의 '인간적인 부분'에 영향을 받을 수밖에 없다. 그뿐만 아니라, 상대의 움직임과 습관을 포함한 '인간적 특징'도 고려사항에 포함된다. 엄청난 순발력과 두뇌 회전을 요구하는 운동이기도 하다.

마지막으로 농구는 점수를 채우는 탁구나 이닝을 채우는 야구와 달리 경기시간이 정해져 있는 종목이다. 그리고 그런 종목 중에서도 농구만큼 시간의 영향을 많이 받는 운동은 별로 없다. 농구경기에서는 쿼터(또는 전·후반) 시간 외에도 공격제한시간, 특정 구역을 벗어나거나 머무는 시간, 특정 플레이를 시행하는 시간 등을 포함해 아주 많은 규칙이 시간 제약을 동반한다. 시간을 정해놓고 하는데도 처음부터 끝까지 계속 시간에 쫓기고 시간과 싸워야 한다는 점은 농구의 미스터리이자 아이러니다.

게다가 아이스하키 정도를 제외하면 농구처럼 끊임없이 빠르게 진행되는 스포츠는 찾아볼 수 없다. 그래서 선수와 마찬가지로 농구코치도 좋은 경기를 이끌기 위해서는 순발력과 — 때로는 선수의 몇 배 이상으로 — 빠른 두뇌 회전이 필요하다.

이런 모든 특성을 고려하면, 좋은 농구코치가 되기 위해 고민하고 준비할 사항이 얼마나 많은지, 그리고 그 과정이 얼마나 힘든지 대략적으로라도 가늠할 수 있지 않을까 한다. 그래서 나는 이런 어려운 스포츠를 지도하는 직업을 가진 사람 모두를 훌륭하고 멋지다고 칭찬하고 싶다.

준비하는 코치가 아름답다!

어느 종목이나 그렇지만, 코치라는 자리는 해내거나 다루기 어려운 부분과 마주했다고 해서 그걸 피해 다닐 수 있는 위치가 아니다. 모든 상황에 대비해야 하고, 그에 적절한 최고의 답을 줘야 한다. 그러다 보면 수많은 시행착오를 겪기 마련이다. 때로는 허허벌판에 혼자 서 있다는 느낌도 받는다. 내가 이 책을 내겠다고 마음먹은 이유도 누구 못지않게 그런 다양한 경험을 겪었기 때문이다.

그리고 그때마다 들었던 의문과 걱정거리, 틈날 때마다 조금씩 메모해뒀던 내 생각과 노하우가 누군가에게는 자신의 숙제를 해결할 실마리가 될 수도 있지 않을까 싶다. 개인적으로는 '준비하기'를 농구코치의 미덕 중 하나로 꼽는다. 이렇게 복잡다단한 면을 지닌 스포츠에서 성공하려면 코칭도 전략적으로 접근할 필요가 있다. 또한 농구선수로서 갖춰야 할 능력을 키워주는 지도의 개념과 경기에 승리하기 위한 작전의 개념을 잘 구분해서 함께 안고 가야 한다. 이 모든 사항은 코치가 준비를 잘할수록 개선될 수 있다.

그래서 이 책을 쓰는 동안 단순히 전술을 세우는 방법론이나 훈련법에 국한된 딱딱한 지침서가 되지 않도록 최대한 신경 썼다. 농구코치이자 작전사령관이자 멘토이자 선배인 동시에 하나의 조직을 끌어가는 지도자가 되려고 노력했던 경험과 고민과 의견이 함께 담긴 코칭 에세이가 되고자 했다. 단순한 지식 공유를 넘어서 머리와 마음이 동시에 공감할 수 있으면 한다. 그런 면에서 꼭 농구코치를 희망하는 사람이 아니더라도 얻어갈 내용이 많으리라 생각한다 (그래도 누군가는 농구 코칭 지침서에 더 가깝다고 느끼겠지만 말이다).

앞서 말했듯이 좋은 코칭을 위해서는 전략적으로 접근할 필요가 있다. 이 책에서도 농구경기에 필요한 신체적 훈련과 전략·전술, 마인드와 경기 운영 노하우 등을 두루 갖출 수 있도록 크게 세 부분으로 나눠 이야기할 예정이다.

첫 부분은 심리적 측면에 관한 이야기다. 1장부터 4장까지 네 장에 걸쳐 농구코치로서 갖춰야 할 소양과 코칭 철학, 선수들과의 관계와 동기부여 등에 관해 이야기할 예정이다. 몇 가지 원론적인 내용이 빠질 수는 없겠지만, 그 외에도 국내와 전 세계 유명 코치들의 조언, 그리고 개인적인 경험을 골고루 소개하려 한다.

두 번째 부분은 실전에 조금 더 가까운 내용이다. 기술적인 조언뿐만 아니라 연습 일정 짜기부터 규칙·원칙 정하기, 심리 트레이닝 등 다양한 양상을 다룰 예정이다. 최근 많이 쓰이는 전술에 관해 설명하며, 경기 전후와 경기 도중에 코치에게 일어날 수 있는 상황과 그 대응법 또한 살펴본다.

마지막 부분에서는 농구선수에게 필요한 기초체력을 만드는 데 도움 되는 여러 훈련법과 몇 가지 팁도 공개한다.

세상 이치가 다 그렇듯 농구도 계속 변한다. 농구가 탄생했을 당시 네이스미스는 3점 슛을 만들지 않았다. 이 제도는 100년 가까이 지난 뒤인 1984년 FIBA에서 도입했다. 공격 시간은 어느새 24초로 짧아졌다. 그 외에도 수많은 규칙이 끊임없이 변경되고 있다.

규칙이 바뀌면 전술도 바뀔 수밖에 없다. 농구에서도 '적자생존'은 유효한 법칙이다. 달라진 환경에 적응하지 못한 작전은 의미를 잃고 사라진다. 코치는 당연히 변화에 맞춰 전략과 전술을 다시 짜야 한다. 작전 연구는 언제나 계속되어야 하며, 꾸준히 공부하고 고민하고 준비해야 한다는 이야기다.

우리 팀만 생각해서 경기를 계획해도 안 된다. 중요한 순간에 우리가 잘하는 것을 그대로 밀어붙일지, 아니면 상대방이 잘하는 것을 방어할지 판단하고 결정하는 상황을 피할 수 없어서다.

승리와 패배는 상대적 개념이어서 아무리 우리 팀이 잘해도 상대가 더 잘하면 질 수도 있고, 이와 반대로 우리 팀이 뭔가 평소 같지 않아도 상대가 잘 못하면 이길 수도 있다. 이렇게 애매한 승패의 기준을 고려한다면 코치에게 운용의 묘는 필수품 중 하나일 것이다. 많은 사람이 스포츠를 병법이나 전쟁과 비교하지만, 개인적으로 농구코치의 입장은 회사를 운영하는 최고경영자의 입장과 교차하는 부분이 많다고 말하고 싶다.

어떤 면에서 농구는 지극히 인간적이다. 기계가 채점하지도 않고, 오히려 사람의 판단 기준에 따라 공격권이 바뀔 수 있다. 경기마다 심판의 성향을 따져야 하고, 그에 맞춰 선수들에게 필요한 부분을 확인해서 일러줘야 한다. 다른 구기종목에 비해 비교적 짧은

1시간 40분 정도 시간 내에 승패가 결정 나지만, 하루에 두 경기 이상은 절대로 할 수 없을 만큼 에너지와 열량을 잔뜩 소비하는 운동이다. 순간순간 최선을 다해도 한 경기에서 수없이 흐름이 왔다 갔다 한다. 그리고 그동안 코치는 몇백 번씩 천당과 지옥을 오간다.

나는 2009년에 KTF 매직윙스와 계약이 종료된 뒤로 2년간 야인 생활을 해야 했다. 농구와 관련한 글을 쓰고 해설을 하면서도 코트에 대한 그리움과 회한, 그리고 아쉬움은 항상 머릿속을 떠나지 않았다. 코치로서 코트에서 휘슬을 물고 선수를 가르치며 시간을 보내는 삶이 얼마나 행복한지 새삼 느낄 수 있었다.

다시 기회가 온다면 절대 후회 없는 코치 생활을 하겠다고 다짐했다. 꼭 한 번 정상에 올라 챔피언 트로피를 들어 올리고도 싶었

2010년 3월 NCAA 파이널-포 경기가 열렸던 루카스오일 스타디움에서

다. 물론 그런 기회가 또 온다는 보장은 없었다. 원래 코치의 인생이 그렇다. 승패에 따라 희비가 엇갈리는 불안한 미래, 생존경쟁, 긴장감의 연속……

그래도 감나무 밑에서 감 떨어지길 기다리듯이 무작정 앉아만 있을 수 없었다. 부족한 점을 채우기 위한 공부를 게을리하지 말아야겠다는 생각이 들었다. 당시 가장 노력했던 부분은 세계농구의 흐름을 파악하는 것이었다. KTF 시절 함께 일했던 오경진과 농구 전문 웹사이트 〈바스켓코리아〉를 만들고, 전술에 관해 심도 있게 공부했다. 공부한 내용은 다른 코치들이 참고할 수 있도록 틈틈이 사이트에 게시해뒀다.

미국 프로농구(National Basketball Association, 이하 NBA)와 유럽농구를 찬찬히 살펴볼 기회도 많이 얻었다. 특히 2010년에는 전미대학스포츠협회(National Collegiate Athletic Association, 이하 NCAA)의 농구 토너먼트 4강전인 파이널-포(Final-Four) 경기를 미국 인디애나폴리스 현지에서 직접 관람할 수 있었는데, 이는 내게 농구 코트로 돌아가고 싶은 이유와 열망과 갈증을 다시 한 번 일깨워준 계기였다. 약 8만 명의 관중이 운집했던 루카스오일 스타디움(Lucas Oil Stadium)의 함성에 뜨거운 심장의 고동을 느낄 수 있었다.

당시 함께했던 김용식, 김승환, 성준모 코치와는 전술과 훈련법, 미국 농구의 이모저모 등을 매일 밤새 토론하며 알찬 시간을 보냈다. 중간중간 미국의 훌륭한 농구코치들도 만나고 체육관과 각종 시설들을 둘러보며 견문을 넓히고 교훈도 많이 얻었다. 그 인연으로 여전히 가끔씩 교류하고 지내는 코치들도 좀 있다.

그러던 중에 오리온스에서 감독직을 제의받았다. 또다시 심장이 격하게 뛰기 시작했다. '인생은 도전과 응전'이라던 토인비의 유명한 격언도 떠올랐다.

알다시피 감독 자리에서 한 번 물러나면 다시 다른 팀에서 제의받기가 쉽지 않다. 기회를 얻고자 하는 마음은 굴뚝같았지만, 솔직히 이전에 힘든 상황에서 물러난 적 있는 데다 현업에서 벗어나 있던 기간도 있고 무슨 연줄이 있는 것도 아니다 보니 감독 자격으로 경기장에 다시 돌아갈 수 있다는 확신이 딱히 서 있지는 않았다(그런 점에서 이 자리를 빌려 좋은 기회를 주고 오랜 기간 신뢰하고 물심양면으로 지원해준 오리온스에 진심으로 감사하는 마음을 전하고 싶다. 그리고 지난 시즌 좋은 결실로 보답할 수 있었던 점 또한 기쁜 일이라 생각한다).

내가 좋아하는 농구를 위해 더욱 철저하고 세밀하게 시즌을 준비했다. 어쩌면 진짜 마지막이 될 수도 있는 코치 인생을 더욱 나답게 헤쳐나가자고 다짐했다. 나중에 그만두면서 후회하지 않도록 내 색깔이 잘 드러나는 나만의 농구를 하고 싶었다. 물론 간단한 작업은 아니었다. 팀 전체를 개혁하는 것은 오랜 시간이 걸리는 일이기 때문이다.

코치와 선수들이 잘 따라주고 열심히 노력해서 조금씩 성과가 보였고, 부임 첫 시즌 후반부터는 성적 면에서도 진전이 있었다. 두 번째 시즌부터는 6강 플레이오프에 나가기 시작했다. 팀 전체에 내 스타일이 녹아들고 좋은 선수들이 모이면서 경기 내용은 계속 좋아졌다. 그래도 중간중간 힘들고 곤란한 상황은 너무도 많았다. 그리고 챔피언결정전에 나서기까지는 4년이란 시간이 걸렸다.

2016년 3월 29일, 드디어 그토록 갈망했던 챔피언의 자리에 서게 됐다. 마지막 경기였던 6차전 전날 밤 선수들에게 '우리 내일은 모든 것을 쏟아붓자. 이 세상에 쉽게 얻는 것은 아무것도 없다.'라는 메시지를 보냈다. 모든 선수가 각자 결의가 느껴지는 메시지로 화답했다. 5차전을 원정에서 역전패를 당하고 올라왔지만, 선수들의 사기는 오히려 더 충천해있었다.

마지막 6차전은 모두 열심히 해준 덕분에 생각보다 점수차가 많이 나고 쉽게 승부가 갈려서 긴장감은 덜한 편이었다. 극적인 우승이 주는 느낌과 비교하기는 어려운데, 어쨌든 마음 편하게 우승의 순간을 만끽할 수 있어서 좋았다고 생각한다. 글쎄, 우승의 기쁨은 구단 프런트에서 매니저 일을 맡았던 기아 시절에도 여러 차례 맛보긴 했다. 하지만 당시에는 조력자라는 느낌이 좀 있었다. 그 무대

라스베가스 주립대학(UNLV) 토마스맥 체육관(Thomas & Mack Center) 앞에 있는 타케니언 동상과

의 주인공 중 하나가 되어 트로피를 들어보니 약간 다른 감동이 밀려왔던 것은 사실이다.

최대한 감정을 자제하려 애썼다. 하지만 승리가 거의 확정된 순간부터는 가슴이 북받쳐오기 시작했다. 프로팀 감독이 되어서 꼭 우승하겠다고 다짐하던 코치 초년병 시절부터 과거의 시간이 주마등처럼 쭉 스쳐 지나갔다. 지금까지 묵묵히 뒷바라지해준 고마운 아내 생각과 이런 아들의 모습을 못 보고 일찍 돌아가신 어머니 생각이 자연스레 떠오르며 뭉클해지기도 했다. 각종 시상식이나 우승 인터뷰에서 수상자나 우승자가 했던 이야기들이 그제야 모조리 공감이 갔다.

그러나 기쁨은 잠깐. 이제 다시 내게는 또 다른 도전이 시작된다. 전과는 다른 형태의 부담감이 어깨를 짓누르는데, 때로는 이전보다

2016년 3월 29일 2015-16시즌 챔피언결정전 우승 세레모니 중에

더 무게감이 느껴지기도 한다. 이런 것을 보면 코치의 인생은 참으로 고달프기 그지없다. 우승을 해보고 나니 앞서 많은 우승을 이뤄낸 훌륭한 선배 코치들이 더 대단하다고 느껴지고, 더욱 존경하게 됐다. 그리고 나도 그런 좋은 선배 코치로 남기 위해 더욱더 노력해야겠다는 생각이다.

어쩌다 보니 힘들었던 이야기가 더 많았던 것 같다. 하지만 개인적으로 코치란 직업은 정말 하루하루가 흥미진진한 직업이다. 이 책을 통해 그런 느낌을 조금이라도 경험하고 공감할 수 있다면 좋겠다. 특히 현재 코치로 활약 중이거나 코치가 되려고 준비하는 사람에게는 실질적인 도움이 됐으면 하는 바람이다. 힘든 만큼 보람도 크고 감동도 많이 얻는 일이니, 도전의 고삐를 늦추지 말라고도 전하고 싶다.

차례 ▶▶

농구에도 철학이 필요하다

유명한 일화로 이야기를 시작해보자. 2005년 NCAA 남자농구 토너먼트가 진행되는 동안, 당시 주관방송사였던 CBS는 중계 도중에 듀크 대학(Duke University)의 명감독 마이크 슈셉스키(Mike Krzyzewski)가 출연한 아메리칸 익스프레스(American Express) 광고를 내보냈다. 이 광고에서 슈셉스키는 다음과 같이 말한다.

"저 자신을 농구감독보다는 농구감독 자리를 맡게 된 리더라고 생각합니다. 저는 제가 가르치는 선수들이 단순히 점프 슛이나 드리블 정도의 기술만 갖췄다고 해서 경기장에 들여보내지 않습니다. 선수들에게 그들의 인생을 위해 단단히 준비하라고 요구합니다. 그들이 선수이자 학생으로 성장하기를, 그리고 궁극적으로 하나의 완성된 개인으로 성장하기를 바라기 때문입니다."

당연히 이 광고는 작지 않은 파장을 불러일으켰다. 그도 그럴 것이 이런 광고를, 그것도 대학농구경기 도중에 보여주면 듀크 대학과 슈셉스키에 대한 시청자들의 인지도와 호감도는 당연히 높아진다. 고교 유망주들의 진로선택과정에서 간접적으로 듀크 대학에 유리하게 작용할 수도 있다. 그래서 많은 사람이 (아무래도 듀크 대학과 라이벌 관계인 대학 팬들 위주였겠지만,) 이 광고가 상업적 측면이 철저히 배제되어야 하는 학원스포츠 정신에 반한다고 항의했다.

그러나 위와 같은 이유로 이 광고에서 슈셉스키가 말한 대사의 맥락을 간과하면 안 된다. 이는 코치라는 사람의 자세가 어때야 하는지에 관한 최고의 조언 중 하나기 때문이다.

농구코치 입장에서 목전에 놓인 가장 중요한 미션은 아무래도 '경기에서의 승리'다. 하지만 코트에서 벌어지는 한 경기의 '승패'는 결국 인생이라는 훨씬 더 큰 경기에서의 '성패'와 비교했을 때, 아주 작은 일부분에 해당한다. 바꿔 말하자면, 잘 준비된 코치와 잘 훈련된 선수들이 만들어내는 농구는 경기의 승패를 넘어서 그들의 인생을 더 큰 성공으로 안내하는 징검다리 역할을 한다는 의미다.

그런 관점에서 보자면 농구 코트는 말 그대로 '깨우침의 공간'이다. 삶의 교훈을 직접 몸으로 부딪혀 아주 생생하게 체득할 수 있는 체험의 현장이다. 농구뿐만 아니라 자신의 삶을 스스로 성공으로 이끌었던 영혼 충만한 역전의 용사들이 수도 없이 거쳐 간 신성한 영역이다.

개인적으로 우리나라 코치들에게는 이런 생각의 흐름이 더욱 중요하다고 말하고 싶다. 교육체계 측면으로나 스포츠 업계 측면으로

마이크 슈셉스키가 모델로 등장했던 아메리칸 익스프레스 광고 화면

나 우리나라 코치는 선수 또는 학생에게 오직 단 하나뿐인 '코치님' 또는 '선생님'이 되는 구조에 놓여있기 때문이다. 누구보다도 가장 가까이에서 보고 듣고 배우고 판단할 대상이 된다는 사실을 부정할 수는 없을 것이다.

그래서 코치는 코치이자 담임선생님이자 교수님, 심지어 인생의 선배이자 롤 모델이 될 수도 있다. 아니, 될 수밖에 없다. 어린 후학들이 농구뿐만 아니라 인생에서도 제 갈 길을 찾아가게 돕는 등불이 되어야 한다. 또한 코치를 통해 그들이 보고 듣고 배우고 판단한 것들은 장래에 다시 반복된다는 점을 염두에 둬야 한다. 코치에게는 철학이 필요하며, 이를 뒷받침할 곧은 가치관과 소신 있는 행동 역시 필요하다. 농구 코칭 에세이(내지 지침서)를 표방하는 책의 제1장에 '철학'이라는 단어부터 등장하는 이 상황이 절대로 생뚱맞지 않다고 생각하는 이유다.

광고에 출연한 지 10년 이상 지났지만, 슈셉스키는 여전히 듀크 대학 현역 감독으로 코치 생활을 계속하고 있다. 미 육군사관학교에서 시작된 그의 감독 경력은 올해로 벌써 40년째를 맞았고, 그의 애칭 코치-K(Coach-K)는 농구 명장의 대명사가 된 지 오래다.

광고 마지막에 슈셉스키는 듀크 대학의 유서 깊은 홈구장 캐머런 실내체육관(Cameron Indoor Stadium) 코트를 향해 걸어간다. 그 발걸음이 여전히 경외롭다는 느낌으로 남아있는 것은 그런 멋진 철학을 가진 코치가 되고 싶은 일종의 바람 때문이 아닐까 한다. 훌륭한 코치로 사람들에게 기억되기는 참 만만치 않은 일이다.

농구가 우리에게 주는 것들

이런 질문을 한 번 해보자. 농구코치는 농구를 통해 무엇을 가르쳐줄 수 있을까? 운동의 한 종목이란 점에만 국한하지 말고 인격과 가치관 형성에 관해서도 생각해보자. 갑자기 자신 있게 답을 말할 수 없는 질문이 됐는가?

코치는 꼭 프로팀에만 필요한 사람이 아니다. 대학을 비롯한 각급 학교체육과 유소년 대상 스포츠에도 코치는 필요하다. 코칭 과정에 교육적 가치가 분명히 존재하며, 그것이 무엇인지 찾을 수 있다는 의미다.

주제가 주제인만큼 이야기가 딱딱하게 흐를 수도 있을 듯하다. 『나니아 연대기와 철학(The Chronicles of Narnia & Philosophy)』이란 책에 담긴 문구부터 먼저 하나 소개한다. 참고로 〈스트릿볼〉은 미국 전역에서 농구 마니아를 모아 투어 형식으로 길거리농구경기를 치르는 일종의 리얼 버라이어티 TV 시리즈다.

"다른 많은 운동과 마찬가지로 농구 역시 그 자체만으로는 가치관과 인격에 관해 어떤 판단도 내려주지 않는다. 예를 들어 딸아이가 2005년 영화『키킹 앤 스크리밍(Kicking & Screaming)』의 윌 패럴(Will Ferrell)처럼 어떻게 하든 이기기만 하면 된다는 코치에게 축구를 배운다고 해보자. 그 아이는 '얼마든지 지저분하게 경기해도 좋아. 걸리지만 말라고.'라는 말을 들으며 축구를 할 것이다. 이와 비슷하게 아들이 미국 케이블 채널 ESPN의 인기 프로그램 〈스트릿볼(Streetball)〉을 보면서 농구를 배운다면, 규칙 준수나 존경심, 페어플레이나 팀워크가 얼마나 중요한 가치인지 배우지 못할수도 있다."

못된 코치나 부적절한 롤 모델과 함께 한다면, 농구는 선수에게 타락한 가치를 가르치는 매개체가 될 수 있다. 그런데 이와 정반대 상황 또한 말이 될까? 선수가 좋은 코치와 훌륭한 롤 모델과 함께 하면, 농구는 좋은 가치를 가르치는 매개체가 될까? 그렇다면 앞에서 언급했듯이 농구 코트는 충분히 준비된 선수가 신체적 탁월함을 추구하는 과정을 통해 마음과 정신을 훈련할 수 있는, 그야말로 '깨우침의 공간'에 걸맞은 역할을 할 수 있을까?

아무래도 이 질문의 해답은 농구 역사에서 가장 성공한 코치로 널리 알려진 감독들의 사례에서 찾아야 이해하기도 쉽고 훨씬 공감이 잘 될 것이다. 여기서는 킹스 칼리지(King's College)의 철학과 교수 그레고리 바샴(Gregory Bassham) 박사가 정리해둔 여섯 가지 원칙을 소개하고자 한다.

바샴 박사의 코칭 원칙은 앞서 잠시 언급했던 마이크 '코치-K' 슈셉스키와 딘 스미스(Dean Smith), 릭 피티노(Rick Pitino), 그리고 팻 서밋(Pat summit) 등 네 명의 감독과 그들의 철학을 토대로 분석한 결과다. 미국 농구에 관심 있는 사람이라면 잘 알겠지만, 이 네 명은 농구의 본고장 미국뿐만 아니라 전 세계적으로 가장 인정받고 존경받는 코치들이다.

어느 감독도 간단하게 설명할 수 있는 인물이 아니지만, 그래도 최대한 짧게 소개하고 넘어간다. 1980년부터 37시즌째 듀크 대학 감독을 맡는 코치-K는 지금까지 통산 1,043승 321패를 기록 중인데, 이는 NCAA 1부리그 역대 최다승 기록이다. 소속팀 블루 데블스(Blue Devils)를 5번의 NCAA 토너먼트 챔피언과 12번의 파이널-포, 12번의 컨퍼런스(ACC) 우승과 13번의 컨퍼런스 토너먼트 챔피언에 올려놓았다.

1991년에는 전미농구코치협회(National Association of Basketball Coaches)의 '올해의 감독'으로 뽑혔으며, 컨퍼런스(ACC)에서 '올해의 감독'으로 다섯 차례 선정된 바 있고, 농구 명예의 전당과 대학 농구 명예의 전당에는 각각 2001년과 2006년에 헌액됐다.

그뿐만 아니라, 미국 국가대표팀을 이끌고 2008년 북경과 2012년 런던, 그리고 얼마 전인 2016년 리우 등 올림픽 세 차례, 2010년과 2014년 FIBA 월드컵에서 두 차례 금메달을 차지했다(최초의 드림팀이었던 1992년 국가대표팀 어시스턴트 코치를 맡기도 했다).

안타깝게도 지난해 세상을 떠난 딘 스미스는 별명 자체가 '코칭의 전설(Coaching Legend)'인 감독이다. 그는 36년 동안 노스캐롤라이나 대학(University of North Carolina) 감독으로 재직하며 NCAA 토너먼트 챔피언 두 차례와 파이널-포 11차례, 컨퍼런스(ACC) 우승과 컨퍼런스 토너먼트 챔피언에 각각 17차례와 13차례 올랐다.

1997년 은퇴할 때까지 그가 쌓았던 통산 879승은 당시까지 역대 최다승 1위 기록이었고, 무려 27시즌 연속 20승 이상 시즌을 보내는 경이로운 기록을 세웠으며(이 기간에 팀은 시즌 평균 31.5경기씩 치렀다.), 통산 승률 77.6%로 역대 9위다. 컨퍼런스(ACC)에서 올해의 감독에 9번 선정됐고, 1976년 몬트리올 올림픽 금메달 등의 업적으로 2007년 FIBA 명예의 전당에 입성했다.

스미스는 농구 외에 선수들의 학업과 인성에도 신경을 많이 썼

NCAA 최고의 명감독 딘 스미스(왼쪽)와 마이크 슈셉스키

던 감독으로 잘 알려졌는데, 그의 제자 중 96.6%가 대학 학위를 받고 졸업하는 기록을 남기기도 했으며, 1967년에는 학교 최초로 할렘 출신 흑인 선수 찰리 스콧(Charlie Scott)의 장학생 입학과 선수생활에 큰 도움을 주며 인종갈등 해소에도 큰 이정표를 세웠다.

릭 피티노는 앞의 두 감독과 달리 프로와 대학을 오가며 감독 생활을 했고, 다섯 개의 NCAA 1부리그 팀 감독을 역임하는 등 다양한 경력을 갖고 있다. 가장 최근에는 루이빌 대학(University of Louisville) 감독으로 2001년부터 16시즌을 보냈다.

그는 켄터키 대학(University of Kentucky)을 1996년 NCAA 토너먼트 챔피언에 올린 데 이어, 2013년 루이빌 카디널스(Cardinals)를 우승으로 이끌면서 NCAA 남자농구 역사상 최초로 두 개의 학교에서 토너먼트 챔피언에 오른 감독이 됐다. 이 외에도 대학 감독 경력 32년 동안 소속팀을 7번의 파이널-포 진출과 8번의 컨퍼런스(SEC, Big East, C-USA 등) 우승, 12번의 컨퍼런스 토너먼트 챔피언에 올려놓는 등 '우승 청부사'로 손색없는 명감독이다.

그 덕분에 1987년에는 전미농구코치대회 올해의 감독에 선정됐고, 컨퍼런스에서 올해의 감독에 네 번 선정된 바 있다(SEC 3번, C-USA 1번). 베스트셀러 『승자의 조건(Success is a choice: Ten Steps to Overachieving in Business and Life)』 등을 출판한 인기 저자이자 동기부여 강연자로도 유명하다.

팻 서밋(Pat Summitt)은 거의 모든 농구인이 손꼽는 최고의 여성코치이자 전설적인 명감독이다. 1974년부터 2012년까지 38년간 미국 여자대학농구 최강 중 하나인 테네시 대학(University of

릭 피티노   팻 서밋

Tennessee)을 NCAA 여자농구 챔피언에 8차례, 컨퍼런스(SEC) 챔피언에 16차례 올라서게 했다. 미국 NCAA 역대 최초로 통산 1,000승을 넘겼으며(총 1,098승 208패), NCAA 올해의 감독에 7번, 컨퍼런스(SEC) 올해의 감독에 8번 선정됐다. 농구 명예의 전당에는 2000년에 헌액됐다.

남자와는 조금 상황이 다르지만, 서밋은 재직기간에 팀 선수들을 단 한 명도 빠짐없이 학위를 받고 졸업하게 했다. 1998년에 그녀가 쓴 책『정상에 올라(Reach for the summit: The Definite Dozen system for succeeding at whatever you do)』는 뉴욕 타임스(New York Times) 비즈니스 부분 베스트셀러에 올랐다.

또한 그녀는 미국 여자농구 국가대표 감독으로 1984년 LA 올림픽 금메달과 1979년 FIBA 월드컵 우승을 미국에 안겨줬다. 여기서 흥미로운 점은 두 대회 모두 준우승을 차지한 나라가 대한민국이었다는 점이다. 특히 서울 장충체육관에서 벌어졌던 FIBA 월드컵에서 홈팀 대한민국은 미국을 94-82로 이기며 그들에게 유일한 패배를 안겼지만, 예선 라운드에서 캐나다에 당했던 1패 때문에 우승을 내줘야 했다. 어떤 면에서 서밋은 우리 여자농구의 최전성기를 더욱 빛낼 수 있었던 주요 국제대회 우승 기회를 막은 감독이라고도 할 수 있겠다.

애석하게도 서밋은 이 책을 한창 집필 중이던 지난 2016년 6월 말 만 64세의 나이로 유명을 달리했다. 2011년 비교적 조기에 발병한 알츠하이머병만 아니었다면 코치 생활도 더 길었겠고 더 오래 살 수도 있었을 텐데, 같은 농구인으로서 매우 안타까운 일이다.

어쨌든 그녀는 자신의 병이 충분히 해고 사유가 될 수 있었는데도 평소 정직해야 한다는 제자들과의 약속을 지키기 위해 시즌 중에 발병 사실을 공개적으로 고백했다. 그리고 2011-12시즌이 끝날 때까지 약 석 달간 벤치를 지켰다. 이후 그녀는 감독직을 사임했지만, 학교 측으로부터 레이디볼스(Lady Vols)의 종신감독 칭호를 받았다.

이런 엄청난 전설의 코치들이 공통으로 가진 철학 이야기는 어떤 면으로든 도움이 되지 않을 수가 없다. 그럼 지금부터 성공을 부르는 코칭 철학 여섯 가지를 하나씩 살펴보자.

1. 노력해서 성취할 수 있는 목표를 세우자

미국의 유명 철학자 톰 모리스(Tom V. Morris)는 자신의 베스트셀러『진정한 성공을 위한 완벽함의 철학(True Success: A New Philosophy of Excellence)』에서 '목적의식을 가지고 시작해라. 목표를 설정하고 그것을 향해 돌진할 필요가 있다.'라고 말했다. 모리스는 농구에서 성공하기 위해서, 혹은 어떤 도전할만한 일을 성취하기 위해서는 '원하는 바가 무엇인지 파악하고, 확실한 비전과 명확하게 상상할 수 있는 목표를 세워야 한다'고 덧붙였다.

어떤 사람은 생각 그 자체로 그치지만, 어떤 사람은 의식적으로 목표를 세우고 성취해나간다. 그리고 다른 목표들보다 훨씬 더 중요한 특정 목표가 있기도 하다. 궁극적인 목표는 무엇인가? 가장 좋은 목표는 또 무엇인가? 목표 달성을 위해 가장 열심히 지속해야 할 일에는 뭐가 있을까?

아리스토텔레스 같은 현자는 우리가 하는 모든 행위에 최고의 노력을 기울이면 잠재력을 최대한 끌어올릴 수 있다고 말하기도 했다. 하지만 인간은 다양한 생각과 느낌과 정신의 집합체며, 자신에게 주어진 과업을 전부 다 잘 해내는 것은 불가능한 일이다.

농구코치도 마찬가지다. 팀의 잠재력을 끌어내고 난관을 거쳐 원하는 성적을 성취하려면 최소한 몇 년간의 노력과 헌신, 연습이 필요하다. 누군가 정해둔 괜찮은 계획에 따라 매끈하게 포장된 도로를 편하게 걸어가는 작업이 절대 아니다. 그렇기에 자신에게 동기를 부여하고 가야 할 길을 스스로 안내하기 위해서는 목표가 분명히 있어야 한다. 코치의 길이 아무리 밀려나기 쉽고 기회가 제한적이며 경제적으로 어려울 수 있다고 해도, 그 직면한 어려운 현실을 극복하게 해주는 첫 발걸음은 명확한 목표를 가지는 것부터다.

릭 피티노는 '목표는 더 나은 미래의 비전을 제시한다. 우리의 영혼을 깨우고, 현실 속에서 쇠약해질 때조차 가능성을 열어준다. 삶의 규칙을 세워주며, 어디서 시작하고 어디서 승부수를 던질지 알려준다. 그래서 더욱 정진하게 한다.'라고 역설한 바 있다.

피티노가 프로비던스 대학(Providence College) 감독에 부임했을 때, 팀에는 빌리 도너번(Billy Donovan)이라는 3학년 포인트가드가 있었다. 도너번은 키 180cm, 체중 78kg으로 농구선수로는 작은 편이었으며, 이전 두 시즌 동안 백업으로만 가끔 경기에 출전해 기대 이하의 성적을 거뒀다. 피티노가 그를 면담했을 때, 도너번은 딱히 목표라고 할 만한 것이 없었다. 그저 출전시간을 더 갖고 싶고, 더 많은 득점을 하고 싶을 뿐이었다.

그러나 피티노와 만나면서 도너번은 인생이 달라지는 계기를 얻었다. 피티노는 쉽고 평범한 목표보다는 열심히 노력하고 향상할 수 있는 더 큰 뜻을 품으라고 요구했다. 도너번은 한 해 동안 체력과 기술이 급격히 발전했고, 4학년 시즌에 평균 20.6득점, 7.2어시스트를 올리며 소속팀 프라이어스(Friars)를 14년 만의 파이널-포 진출로 견인했다. 그 덕분에 졸업과 동시에 유타 재즈(Utah Jazz)의 드래프트 3라운드 지명을 받아 NBA에서 뛸 수도 있었다.

빌리 도너번은 피티노에게 배운 코칭 철학을 토대로 1996년부터 2015년까지 19시즌 동안 플로리다 대학(University of Florida) 감독을 맡아 2005년과 2006년 NCAA 토너먼트 2연패의 금자탑을 세웠으며, 한 번의 준우승과 네 번의 파이널-포, 여섯 번의 컨퍼런스(SEC) 우승 등의 업적을 거뒀다. 지난해에는 오클라호마 시티 썬더

(Oklahoma city Thunder)의 감독으로 영입됐고, 부임 첫해에 팀을 디비전 1위와 NBA 서부 컨퍼런스 파이널로 이끄는 등 대학에서의 성공을 프로에서도 이어가고 있다.

목표는 우리가 높은 곳을 향하도록 동기를 부여하며 그 목표로 전진하도록 도와주고 이끌어준다. 팻 서밋은 목표를 '크게 생각하고 작은 세부사항에 초점을 맞추는 동안 최고를 유지할 수 있는 비결'이라고 말한 바 있다. 모든 가능성을 열어두고 열심히 노력하자는 의미다. 꿈을 크게 갖고, 분명한 목표를 향해 가자.

그러나 일상생활의 개선을 위해서라면 간결하고 명확하며 짧은 기간 사이에 이룩할 수 있는 목표를 정해야 한다. 우리가 소위 '강팀'이라고 부르는 농구팀을 자세히 살펴보면, 어떤 작은 상황이라도 그에 관한 체계가 정교하게 갖춰져 있음을 쉽게 알 수 있다.

로스앤젤레스 캘리포니아 대학(University of California-Los Angeles, 이하 UCLA)의 명감독 존 우든(John Wooden)이나 딘 스미스는 선수들에게 체력 훈련과 반복연습의 집중도를 높이기 위해 분 단위로 구분된 훈련 일정을 짜는 것으로 유명한 코치들이다. 스미스는 방학 때도 선수들에게 나중에 팀에 돌아오기 전까지 연습할 두세 가지 항목을 정해주기도 했다.

내가 현역 선수로 뛰던 시절 기아의 방열 감독 역시 이런 부분에 철저하기로 유명했다. 항상 연습은 미리 정해둔 일정에 따라 실행하고, 그 일정에는 각 개별훈련의 시간과 회수가 정확히 계산되어 들어있었다. 기아가 창단한 지 얼마 되지 않아 전력을 급격히 끌어올리며 오랫동안 전성기를 구가할 수 있었던 원동력에는 여러 가지가 있지만, 명확한 목표와 이를 성취하기 위한 계획과 노력이 매우 큰 비중을 차지하고 있었다는 점을 절대 무시할 수 없다.

2. 열정을 갖고 열심히 노력하자

농구팀이 만들어지면 보통 코치와 선수 간의 상하관계가 자연스럽게 형성된다. 이런 분위기에서 선수들 대부분은 수동적이거나 지시에 따라 움직이는 기계적 반응에 익숙해진다. 그러다 보니 개인적으로도 20년간 코치 생활을 하면서 스스로 목표를 정하며 자기 계발에 매진하는 진취적인 선수를 솔직히 그리 많이 보지 못했다. 어쩔 수 없는 현실의 문제라고도 할 수 있지만, 어쨌든 진학과 취업 두 가지 명제만을 목표로 삼고 오로지 이것만을 위해 운동하는 습관적인 모습을 더 많이 봐왔다.

물론 배고픔을 이기려고 운동하거나 가난을 벗어나기 위해 운동을 택한 선배들도 있다. 하지만 이는 과거의 힘들었던 시절 이야기다. 지금은 다르다. 경제적으로는 비교적 풍족해졌으며, 배고파서 운동하는 선수는 없다고 봐도 좋을 정도가 됐다.

그래서 이제는 더욱 운동을 즐기면서 해야 한다. 열정과 사랑을 가져야 한다. 더구나 농구는 체력과 기술적 요소가 필요한 복합스포츠다. 현대 농구는 여기에 창의적 플레이까지 요구한다. 수동적 태도의 농구는 결국 한계에 부딪힐 수밖에 없다. 잘못하면 어느 순간 더 발전하지 못하는 자신의 한계를 인정하고 포기해버리는 안타까운 상황이 벌어진다.

KTF 감독 시절에 봤던 조동현(현 부산 KT 소닉붐 감독)은 수비 전문 선수였다. 무엇보다도 슈터로 이름을 날렸던 쌍둥이 형 조상현(현 고양 오리온 오리온스 코치)과 달리 슈팅 능력이 평균 이하였다.

하지만 조동현은 열정과 성실성 면에서 둘째가라면 서러울 정도였다. 하루도 빠짐없이 슈팅 훈련을 지속했다. 공익근무를 하는 동안에도 연습을 게을리하는 법이 없었다. 퇴근하면 항상 체육관에 왔고, 밤늦게까지 연습장에 불이 켜져 있곤 했다. 나이 서른이 넘어서도 자신의 단점을 극복하려 노력하던 모습은 아직도 인상적인 기억으로 남아있다.

그야말로 농구를 사랑하는 선수였다. 그 열정이 없었다면 조동현은 수비 전문이라는 꼬리표를 떼지 못하고 반쪽짜리 선수로 끝났을지도 모른다. 하지만 실제로 그는 슈팅 능력을 꽤 향상했고, 내가 팀을 떠나 해설자로 일할 때도 그의 슛을 칭찬할 때가 많았다.

여기에 기존 장점이던 성실한 플레이와 수비능력 등을 십분 활용하면서 조동현은 같은 해 프로에 입단한 동기 중 가장 오랫동안 살아남은 선수가 됐다. 개인적으로는 열정을 동반한 그의 노력이 정말 값진 결과로 이어졌다고 생각한다. 그리고 그런 중요한 가치를 후배들에게 또 잘 전달해줄 좋은 감독이 되리라 생각한다.

3. 좋은 습관을 지니자

흔히 농구는 습관의 운동이라고 한다. 어떤 사람이든 순간적인 판단과 반응을 보일 때는 몸에 밴 습관이 그대로 나오기 마련이다. 농구경기에서는 이런 순간의 생각과 움직임이 매우 중요하다. 예를 들어 볼을 잡으면 바로 림을 쳐다보고 돌아선다거나 볼 가진 사람을 수비할 때 상대가 방향을 전환하면 손을 대는 행동 등은 대부분 습관에 기인한 플레이다.

이런 플레이 습관은 선수가 얼마나 성장할 수 있냐의 척도가 된다. 그래서 처음 농구를 배울 때 좋은 습관을 들이면 기술적으로나 정신적으로나 성장에 도움이 된다.

습관에 관해서는 코치의 역할이 크다고 생각한다. 존 우든이 가장 강조하는 부분 중 하나이기도 한데, 코치는 훈련할 때마다 항상 선수들의 나쁜 습관을 교정해줘야 한다. 일상에서도 자신만의 좋은 생활습관이 필요하다. 훈련이나 경기 전에 컨디션을 조절할 때 자신만의 좋은 루틴을 가져가는 것도 중요하기 때문이다. 그래서 선수들에게 가장 영향을 크게 미칠 수 있는 코치는 선수들이 올바르게 성장할 수 있는 좋은 습관을 갖도록 경기 내적으로나 외적으로나 긍정적 영향을 줄 수 있어야 한다.

과거 기아 시절 김유택(전 중앙대 감독)은 경기 전에 꼭 상대 팀 경기 화면을 개인적으로 다시 살펴보는 것으로 유명했다. 요즘이야 많이 보편화했지만, 무슨 일이 있어도 비디오를 보며 분석해야 직성이 풀리는 습관은 당시 극히 드문 일이었다. 비교적 마른 체격이던 김유택이 코트에서는 누구에게도 밀리지 않았던 것은 그런 좋은 습관을 기반으로 자신의 운동능력을 적절히 이용하며 지능적인 플레이를 했기 때문이라고 할 수 있다. 아직도 그의 경기 스타일을 '센터 플레이의 정석'이라고 치켜세우는 데는 다 그만한 이유가 있다.

4. 끈기를 갖자

끈기의 가치를 강조했던 위대한 인물의 사례는 오랫동안 수도 없이 만들어졌다. 장기적으로 성공과 성취를 달성하려면 그 어떤 장애물에도 아랑곳하지 않고 동원할 수 있는 모든 용기를 내어서 열심히 노력해야 한다. 그리고 단 하나의 목표에 정진할 줄도 알아야 한다.

오늘날 '끈기'라는 덕목은 거의 사라진 것처럼 보인다. 노력 없이 성공하기를 바라는, 혹은 들인 노력에 비해 큰 성취를 얻으려는 운동선수가 은근히 많다. 막 대학을 졸업한 학생들이 졸업과 동시에 바로 높은 자리에 취직할 수 있다는 덧없는 기대를 하는 것과 비슷한 현상이다. 하지만 운동선수로든 직장인으로든 정말 성공하고 싶다면 앞서 네 명의 명감독들이 하나같이 강조했던 자질인 끈기의 교훈을 배워야 한다.

끈기는 하나의 목적을 향해 초지일관하는 태도다. 장애물과 좌절, 역경과 실망에 맞서는 인내와 꾸준함이다. 그러고 싶지 않거나 최종 목적지가 보이지 않을 때도 신념을 고수하는 자세를 일컫는 단어이기도 하다. 피티노의 표현을 빌리자면, 끈기는 '자신을 위대하게 만들고 잠재력을 최대한 발휘할 수 있게 한다.'

딘 스미스는 한 대기만성 선수에 관한 기억이 있다. 스미스는 농구보다 미식축구에 더 재능이 있었던 그 선수를 꽤 아꼈지만, 2년이 지나도록 뭔가 보여주지 못했고 팀의 향후 계획에 잘 맞지 않는다는 것이 분명해졌다. 결국, 스미스는 여름 휴가 전에 그 선수를 불러 앞으로 출전 기회가 그리 많지 않을 것이며, 그래도 팀에 복귀

할 생각이 있는지 고민해보라고 말했다.

놀라우면서도 반갑게도 그 선수는 일주일이 채 지나지 않아 스미스에게 전화해 복귀하겠다고 말했다. 그리고 매일 많은 시간을 들여 슛과 볼 컨트롤, 기타 모든 농구 기술을 연습하면서 그해 여름을 보냈다. "첫 연습 때는 내 눈을 믿을 수 없었다. 그의 기량이 엄청나게 향상했다. 결국, 그는 팀의 주전 자리를 차지했고, 졸업 직전에는 컨퍼런스(ACC) 최우수선수 팀(All-ACC 1st-team)에 뽑혔다."라고 스미스는 기억한다.

참고로 ACC는 NCAA 농구 명문 팀이 다수 포진된 아틀란틱 코스트 컨퍼런스(Atlantic Coast Conference)의 약칭이다. 미국 대학농구에는 팀이 워낙 많아 전부 기억하기 힘들 정도다. 1부리그라 할 수 있는 디비전-1(Division-1)에는 33개의 컨퍼런스가 있고, 한 컨퍼런스에는 보통 8~16개 팀이 소속되어 있다. 전태풍이 ACC 소속 학교인 조지아 공과대학(Georgia Tech University)을 나왔고, 최진수가 입학했을 당시 메릴랜드 대학(University of Maryland)도 ACC 소속이었다(2014년 이후 메릴랜드 대학은 빅-텐 컨퍼런스로 소속을 옮겼다).

5. 역경을 통해 배우자

모든 일이 원만하게 진행될 때는 끈기를 갖기 쉽다. 하지만 인성에 대한 진정한 시험은 바로 역경에 직면했을 때 나타난다. 많은 철학자가 말했듯이, 도전과 좌절이 없는 세계는 성장이 없는 세계다. 외국 감독들은 간단하게 '고통 없이는 얻는 것도 없다(No pain, no gain).'라는 표현을 자주 사용하곤 한다.

승자는 실패 앞에서 포기하지 않는다. 오히려 다음에 성공하겠다는 의지가 더욱 확고해진다. 역경은 진정한 강점과 약점을 깨닫게 해서 자신을 스스로 파악하도록 가르친다. 시도해 보지 않고는 무엇을 할 수 있는지 정확히 알지 못한다. 그런 관점에서 재난은 유익함을 가져다줄 기회이기도 하다.

부정적인 사건을 긍정적으로 바꾸는 법을 배우는 것은 성공을 위한 필수요소다. 팻 서밋은 실패가 종종 자신의 삶을 재평가하고 탁월함을 향한 의지를 재정비하게 해준다고 주장했다. 코치-K는 역경이 때때로 우리에게 유익한 뭔가를 가져다주는 역할을 한다고 말한다. '자기연민에 빠져 변명으로 삼기보다는 그 상황을 받아들이고 최대한 활용하려고 노력해야 한다. 이는 바로 팀의 회복력과 고유의 특성을 발전해나가는 비결이다.'라고 그는 설명한다.

2006-07시즌에 나는 부산 KTF 매직윙스(현 KT 소닉붐) 감독을 맡고 있었다. 시즌 전 우리 팀에 대한 평가는 그리 좋은 점수를 받지 못했다. 6강 플레이오프에 들어가지 못한다는 것이 중론이었다. 심지어 팀의 모든 선수가 이를 인지하고 있었다.

개인적으로는 이 상황을 오히려 부담감을 덜어주는 계기로 받아들이고 있었다. 나는 우리 팀의 장점을 찾기 시작했다. 우리가 잘할 수 있는 부분이 많지는 않았지만, 꽤 많은 것을 기대할 수 있었던 두 외국인 선수 애런 맥기와 필립 리치의 포지션을 넘나드는 활약과 신기성이란 노련한 가드의 리딩이 있었다. 여기에 시종일관 악착같은 수비를 펼쳐줄 팀 플레이어가 많이 포진해 있었다.

선수들이 차츰차츰 자신이 해야 할 일을 명확히 인식하면서 전

력은 계속 강해졌다. 결국, 우
리 팀은 그 시즌에 챔피언결
정전까지 진출해 모비스와 우
승을 놓고 다투게 됐다. 비록
준우승에 그쳤지만, 우리는 또
한 번 예상을 깨고 시리즈 3승
을 올리며 최종 7차전까지 승
부를 끌고 가는 등 최선을 다
했다. 팀의 위기를 기회로 받
아들였던 모두의 성공이었다
고 생각한다.

2006-07시즌 부산 KTF에서 대활약했던 애런 맥기

스포츠에는 '실패의 불가피성'이 존재한다. 던지는 슛마다 족족
성공하고 모든 경기를 승리로 이끄는 선수나 코치는 아무도 없다.
대한민국 농구 역사상 가장 완벽한 슈터로 꼽히는 이충희(전 원주 동
부 프로미 감독) 역시 모든 슛을 성공시킨 것은 아니었다. 아무리 프
로야구 최고의 타자들이라 해도 타석에 서면 10개 중 7개는 실패
한다. 홈런왕 대부분은 삼진아웃을 가장 많이 당하는 선수들이다.

사회생활이라고 다를까? 최고의 세일즈맨조차도 아무것도 팔지
못하는 날이 오기 마련이다. 예술가들도 아무런 창작활동도 하지
못하고 그냥 허무하게 하루를 보낼 때가 있다. 우리는 모두 때때로
실패한다. 릭 피티노의 표현을 빌리자면, '중요한 것은 그런 실패에
어떻게 대처하는가'다.

코치-K는 1970년대 초에 잠시 제자로 뛰었던 사람에게 편지를

받은 적 있다. 편지 내용은 그 사람이 최근에 이식수술을 받았는데, 의사들은 그 사람이 살 수 있었던 주된 이유를 그의 의지와 결의 덕분이라고 말했다고 한다. 그러자 그 사람은 자신이 어렸을 때 그런 자질을 심어준 코치-K에게 그 공을 돌린 것이었다. 젊은 시절에 배웠던, 역경의 순간에 절망으로 주저앉지 않고 이를 극복해나가는 방법이 그 사람의 인생을 바꾼 셈이다.

6. 자신보다 팀을 우선순위에 두자

체육대학원에 다닐 때 체육철학 수업에서 인간을 천성적으로 악하고 폭력적이고 야만적이고 이기적인 존재로 간주하는 17세기 영국 철학자 토머스 홉스(Thomas Hobbes)의 철학사상에 관해 배운 적 있다. 홉스의 관점이 극단적일 수도 있지만, 왜 그런 주장을 펼쳤는지는 아주 잘 이해할 수 있다.

팀워크가 근본적으로 선수들의 타고난 성향을 어느 정도 거스를 수밖에 없는 요소라는 점은 어느 정도 인정한다. 이는 개인적인 체험을 통해 깨달은 부분이다. 농구를 가르쳐본, 아니 단체운동을 조금이라도 가르쳐본 사람이라면 충분히 공감할 수 있으리라 생각한다.

팻 서밋은 팀워크를 훈련으로 체득하게 해야 한다는 점을 잘 알고 있었던 코치다. 그녀는 팀워크를 다음과 같이 설명했다.

"팀워크는 저절로 생기지 않는다. … 인간은 몇 가지 성향을 타고나지만, 공유(sharing)하려는 태도는 인간의 타고난 본성이 아니다. 어린아이가 두 명 이상 한 방에서 함께 지낼 때, 이들이 무엇

때문에 다투는지 잘 살펴보자. … 어떤 모임에서든 마찬가지다. … 여기서 시사하는 바는 팀워크가 배워서 얻어야 할 소양이라는 점이다. … 팀워크를 말로 설명하려면, 최대한 창의적으로 조리 있게 말하고자 노력해야 한다. 하지만 농구는 그것을 몸소 가르칠 수 있는 멋진 수단이다."

세계에서 가장 유명한 농구코치 중 하나인 전 로스앤젤레스 레이커스(Los Angeles Lakers) 감독 필 잭슨(Phil Jackson)은 '팀 전체의 이익을 위해 모든 선수가 사리사욕(self-interest)을 포기한다면 전체가 각 부분의 합보다 커질 수도 있다.'라고 지적한 바 있다. 오늘날과 같이 점점 개인주의와 인기에 연연하는 시대의 문화적 배경에서는 그 참된 의미를 전달하기 힘든 메시지다.

여기서 사욕, 즉 개인의 욕심을 이기심과 혼동하면 안 된다. 욕심은 이기적이지 않은 방식으로도 추구할 수 있다. 그리고 이 두 가지를 구분할 줄 아는 것은 팀의 스타 선수나 에이스에게는 특히 더 중요한 문제다. 예를 들어 마이클 조던(Michael Jordan)이 다른 선수들보다 더 많은 슛을 넣었기 때문에, 혹은 경기에서 결정적인 마지막 슛을 던지려 했기 때문에 그를 이기적인 선수라고 평가할 수 있을까?

이와 반대로, 만약 조던이 이기적으로 보이기 싫어서 마지막 촌각을 다투는 결정적 순간에 슈팅을 거부했다면, 이것을 자신보다 팀을 우선시하는 행동이라고 할 수 있을까? 전혀 그렇지 않다. 표면적으로는 팀 플레이어처럼 보일지 몰라도 사실상 팀에 손해가 된다.

때때로 딘 스미스는 팀플레이를 지나치게 강조한 나머지 선수들

개인의 기술 발전을 지연했다는 비난을 받기도 했다. 하지만 이런 비난에 대해 조던은 다음과 같이 말하며 스미스를 변호했다. 알다시피 조던은 노스캐롤라이나 대학에서 3년간 뛰었고, 그 당시 감독이 바로 딘 스미스다.

"노스캐롤라이나에서 배웠던 가르침 중에서 무엇보다도 확신하는 것 하나는 팀의 편에서 생각하고 팀으로써 성취한다면 개인에 관한 칭찬은 저절로 생겨난다는 점이다."

매우 적절할 뿐만 아니라 중요한 언급이라 생각한다. 아무리 뛰어난 플레이를 한다 해도 팀의 성공이 뒷받침되지 않으면 그 선수에게는 한계가 있을 수밖에 없다. 이와 반대로, 자신의 역할을 팀에 맞추고 그 테두리 안에서 기량을 최대한 발휘하는 선수야말로 진정한 스타 선수가 아닌가 한다. 그런 면에서 득점만이 자신의 능력을 입증할 수 있는 최고의 수단이라 믿는 어리석은 선수를 팀이라 불리는 공동운명체의 일원으로 변신하게 하는 일은 코치가 해야 할 매우 중요한 임무라 하겠다.

지금까지 명감독 네 명의 농구 철학을 중심으로 몇 가지 중요한 원리를 설명했다. 이 네 명의 코칭 스타일과 성격은 각기 다르다. 그러나 성공에 관해서는 비슷한 철학을 가졌다고 할 수 있다. 바로 농구를 삶의 작은 세계로 본다는 점이다. 코트 위에서의 성공과 인생에서의 성공을 다른 차원으로 나눠 보지 않았다. 따라서 이들의 철학을 공부한다면 농구뿐만 아니라 삶이라는 위대한 게임에서 인격 형성과 성공에 대한 근본적인 교훈을 얻을 수 있을 것이다.

굳이 그들이 유명한 코치인지 알아보거나 증명하기 위해 이 여섯 가지 원리를 시험해 볼 필요는 없다. 그들과 똑같은 코치가 되자는 이야기도 아니다. 그저 농구코치가 '단순히 전문적인 뭔가를 가르치는 사람'이란 틀을 깨고 '농구를 그 사람의 삶 일부로 받아들이도록 돕는 사람'이 되면 좋겠다는 개인적인 바람이 전달되기를 바랄 뿐이다.

범위를 더 확장하자면, 이 모두는 위대한 철학자들이 수천 년 동안 우리에게 가르쳤던 교훈이라고 말할 수 있다. 그러니 농구뿐만 아니라 다른 스포츠나 사업에서 리더십을 발휘해야 할 때, 혹은 노력을 통해 가치를 찾는 과정을 수행할 때 유용한 성공철학의 한 가닥으로 참고해도 좋을 듯하다. 물론 이 역시 조건 없는 수용이 아니라 비평적 관점에서의 접근이 필요함은 당연한 일이다.

농구코치에 적합한 기본 소양은?

　제1장에서는 농구코치라면 꼭 필요한 기본 소양, 그중에서도 코칭 철학에 관해 이야기했다. '철학'이란 단어가 다소 무게감이 있긴 해도 코칭 경력의 중심을 잡아줄, 나무로 치면 뿌리에 해당하는 요소임은 틀림없다.

　그러나 뿌리가 똑같다고 모두 반듯하고 튼튼한 나무로 자라는 것은 아니다. 그러는 데 필요한 요소가 아주 많다. 농구코치도 마찬가지다. 철학이 분명하다고 해서 다 훌륭한 코치로 성장하는 것은 아니다. 여러 가지가 갖춰져야 한다.

　팀을 지도하는 일은 손으로 구름을 잡으려는 것과 같다. 그 양상이 항상 일정하지 않다. 다시 말해서 팀 전력이 매번 똑같지 않다는 의미다. 선수들이 나가거나 들어오고, 내·외부적 요인과 상황도 계속 바뀐다. 다른 팀들도 마찬가지로 달라진다. 그래서 코치도 이런 변화와 함께 바뀌어야 한다. 늘 새로운 형태에 적응하면서 자신의 팀과 주변환경 변화에 대비해야 한다.

특히 새로운 팀을 맡거나 기존 팀을 리빌딩할 때는 자신의 철학이나 코칭의 개념, 바람직한 팀의 이상적인 모습 등을 기본 바탕으로 선수단 운영과 코칭에 필요한 원칙을 새로 세워야 한다. 그런 관점에서 단순히 코칭 철학만 잘 갖췄다고 농구코치 역할을 잘 수행해낼 수 있는 것은 아니다. 다음과 같은 사항에도 중요성과 가치를 부여하고, 팀을 이끌기 위해 적극적으로 활용해야 한다.

커뮤니케이션 스킬을 늘리자

코치가 되기 위해 가장 먼저 터득해야 할 중요한 기술은 바로 선수와 의사소통하는 요령이다. 코치는 말로든 행동으로든 필요한 사항을 정확하게 전달할 줄 알아야 하고, 선수들이 코치에게 말하고자 하는 핵심 또한 정확하게 잡아내야 한다. 어느 조직에서나 원활한 의사소통은 핵심과제다. 농구팀 역시 그런 조직 중 하나다. 경기 중에 돌발상황이 끊임없이 발생하고, 그에 대한 빠른 대처가 중요한 스포츠라는 사실을 잊지 말자.

그리고 정도의 차이가 있을 뿐, 어떤 선수든 코치에게 의존적인 면을 지니고 있음을 명심하자. 문제가 발생했을 때 선수들은 코치로부터 해결방법을 찾고 싶어 한다. 코치가 이를 충분히 파악하고 이해해서 원하는 해결책을 줄 수 있는 능력을 갖췄다면, 불필요한 시행착오도 줄일 수 있고, 그로 인한 팀 사기 저하나 신뢰 저하를 막을 수도 있다.

기본적으로 선수는 자신의 주장이나 의사를 강하게 표현하기를 어려워한다. 원래도 코치와 선수 관계는 수직구조에 더 가깝지만, 우리의 전통적인 운동문화 자체가 상명하복의 특징이 아주 강해서 더 그렇다. 조금씩 바뀌고 있다곤 하나, 여전히 어린 선수들은 코치나 선배에게 의사 표현을 명확히 하기를 어려워하는 실정이다. 그러므로 자연스럽게 코치가 먼저 말을 걸어주는 것도 좋다. 코치가 먼저 말을 걸면 선수들이 호응하기는 조금 더 쉽다.

귀뿐만 아니라 눈도 항상 열심히 움직여야 한다. 선수들의 보디랭귀지를 포착하고 해석하는 것도 중요하기 때문이다. 바로 위에 언급했듯이 선수가 코치에게 먼저 말하는 일은 그들에게 매우 불편하고 조심스러운 상황이다. 그래서 진심으로 느끼는 표현을 잘 못할 수 있다. 그런 상황에서 말하는 훈련이 전혀 되어있지 않은 선수도 있다. 코치가 먼저 선수의 표정과 눈빛, 동작, 자세 등의 비언어적 메시지도 세심히 살펴야 하는 이유다.

이적 이후 꾸준히 성장하고 있는 장재석

가끔 보면 '선수들과의 대화'를 표방하며 전부 불러 모아놓고 혼자 일장연설을 하고 끝내는 코치도 많다(일부는 나름 배려한다고 질문 정도는 받아준다고 하는데, 연설이 끝난 후에는 이미 질문하기 곤란한 분위기로 변질했을 공산이 매우 크다). 이것은 소통이라 볼 수 없다. 성공하는 코치의 의사소통 기술은 최대한 많이, 그리고 열심히 들어주는 것이다. 선수들의 표현을 존중하자.

그런 관점에서 개인적으로 장재석의 최근 성장에 흐뭇함을 숨길 수 없다. 2013년 오리온스는 KT와의 트레이드로 여러 선수를 맞바꿨고, 그중에는 장재석도 포함되어 있었다. 그는 2012년 KBL 드래프트 전체 1순위로 뽑혔을 만큼 잠재력 높은 유망주로 평가받았지만, 프로에서의 존재감은 두드러지지 않았다. 나 역시 그의 문제점을 파악하는데 거의 1년 가까운 시간을 보냈다. 훈련법을 바꿔보기도 했고, 플레이 스타일을 바꾸려고도 해봤다.

시간이 조금 지나자 근본적인 문제는 소통이었음을 알게 됐다. 그래서 조금씩 장재석과의 대화에 시간을 투자하기 시작했다. 특히 본인이 하고 싶은 플레이가 무엇이고, 감독으로서 내가 선수에게 원하는 바가 무엇인지에 관해 많은 의견을 나눴다. 서로 교감하기 시작하면서 장재석은 조금씩 팀이 원하는 플레이에 자신을 맞춰가는데 익숙해졌고, 그 과정에서 존재감을 슬슬 드러내기 시작했다.

장재석 본인이 자신감을 느끼기 시작한 점도 중요했다. 어느 순간부터 그는 코트에서 투쟁심을 발휘하며 리바운드와 수비에 적극성을 보이기 시작했고, 팀의 중요한 자리를 스스로 차지하며 정규시즌과 플레이오프 모두에서 알찬 활약을 펼쳤다. 감정적으로도 많이 안정됐고, 이전보다 훨씬 기복도 줄었다.

이런 비슷한 사례는 코치 생활을 오래 하다 보면 누구에게나 생길 수 있는 일이라 생각한다. 선수와의 의사소통은 예상보다 많은 문제를 해결할 수 있다. 더구나 선수들의 스타일과 성격이 천차만별이고, 개성이 더 존중받는 요즘에 와서는 더욱 필요하고 또 중요한 부분이다.

선수를 대하는 코치의 자세

다음은 코치가 선수들과 함께 생활할 때 '선수를 대하는 기본 자세' 일곱 가지다. 이는 제리 크라우스(Jerry Krause)가 자신의 여러 저서에서 강조했던 사항을 참조해 정리한 내용이다. 크라우스는 이스턴워싱턴 대학(Eastern Washington University)과 곤자가 대학(Gonzaga University) 남자농구팀 감독이었고, NCAA 농구 규정위원회 위원과 전미농구코치협회 상임이사 등을 역임했다. 또한 미 육군사관학교에서 체육교육 및 스포츠철학 강의와 곤자가 대학 농구팀 총괄 운영부장을 맡아본 바 있으며, 30여 권의 농구 코칭 관련 서적과 각

곤자가 대학의 제리 크라우스

종 시각 자료를 출판했다. 그야말로 다재다능한 농구인이다(마이클 조던의 시카고 불스 시절 GM이었던 제리 크라우스와는 동명이인이다).

1. 항상 정직하자

정직이 언제나 우선시되어야 한다고 굳게 믿자. 그리고 정직함은 선수와의 첫 대면에서부터 시작되어야 한다.

무엇보다도 코치는 선수에게 향후 주전으로 뛸 수 있는 자격이나 경기 출전시간에 관한 약속을 절대로 하지 말아야 한다. 지키지 못할 약속이 늘어날수록 코치에 대한 선수들의 신뢰는 더 약해진다. 이것이 반복되다 보면 코치로서의 유효성마저 잃어버리게 된다. 코치가 정직해야 선수들과의 상호 신뢰를 쌓을 수 있고, 그 신뢰는 역경을 헤쳐나가는 동안 팀이 분열되는 문제를 막을 수 있다.

개인적으로는 경기 전날 팀 미팅 때 다음 경기에 선발로 나설 선수들을 미리 발표하고 임무를 주지시키는 원칙을 세워놓고 항상 지킨다. 물론 그 자리에서 선발을 포함한 경기 계획을 발표할 때도 신중을 기하고 그전에도 고민과 연구를 많이 하지만, 밤새 생각이 바뀔 수 있다. 그래도 전날 정한 약속을 절대 바꾸지 않는다. 이 원칙 역시 선수들과의 신뢰와 무관하지 않다.

그렇게 각자 역할을 미리 지정해주고 나면, 보통 우리 선수들은 경기 전까지 하루 동안 머리와 마음속, 그리고 개인 연습 등을 통해 '자발적으로 경기 준비'를 해온다. 밤새 떠오른 기발한 아이디어로 갑자기 계획을 바꿀 때보다 훨씬 더 좋은 경기력을 보이는 것은 당연한 일이다.

2. 단도직입적으로 접근하자

직선적, 또는 단도직입적 소통방식은 앞서 언급한 정직함과 어느 정도 연결된다. 하지만 여기서는 간접적이거나 추상적인 표현의 위험성에 유의하라는 이야기를 덧붙이고자 한다.

한두 선수에게 해당하는 문제를 전체에게 따지거나 구체적으로 지적할 수 있는 내용을 추상적으로 던지는 습관을 지닌 코치를 간혹 접하게 된다. 인간관계에서 정면충돌을 피하려고 간혹 소심하게 반응하기도 하는 것은 누구에게나 자연스러운 심리다. 그런 작전이 유용할 때도 있다. 좋지 않은 이야기를 듣기 좋게 꾸밀 필요는 당연히 있다고 생각한다.

그러나 선수들이 간접적 표현을 자기방식대로 해석할 수 있다. 이에 관한 문제가 나중에 발생할지도 모른다. 그러므로 꼭 지켜야 할 지시사항은 빙 돌려서 말하지 말자.

단도직입적이고 정확한 표현은 선수들이 느끼는 존경심(respect)과도 큰 연관성을 지닌다. 개인적으로 코치는 결국 선수들이 좋아하는 사람보다는 선수들에게 존중받는 사람이 되어야 한다고 생각한다. 존중받기에 앞서 좋은 사람 되기에 더 노력을 기울인다면 둘 다 실패할 가능성이 매우 크다. 친한 친구나 선배, 좋은 형님으로 남고 싶다면 그래도 좋다. 하지만 코치가 짊어진 책임과 동네 친한 형이 짊어진 책임과는 근본적으로 다르다.

이따금 나쁜 사람처럼 보이는 것을 두려워하지 말자. 선수들에게 존경받는 코치가 되면, 선수들이 좋아하는 코치의 타이틀은 알아서 따라온다.

3. 아닌 것은 '아니'라고 말하자

선수와의 관계가 어느 정도 이상 가까우면, 사실 '아니'라는 단어를 입에 담기가 그리 어렵지 않다. 그리고 적당히 얼버무리거나 틀린 것을 맞는다고 하기보다는 '아니'라고 말하는 것이 더 편할 수도 있다. 코치라는 자리에 있는 사람이라면 기꺼이 달갑지 않은 대답을 해줄 수 있을 뿐만 아니라 끝까지 정확한 대답을 해줄 수도 있어야 한다고 생각한다.

다른 팀 스포츠와 마찬가지로 농구에도 팀 전체가 달성해야 할 성공이라는 목표가 있고, 코치가 원하는 수준 또한 정해지기 마련이다. 팀의 원칙과 코치 자신의 의사결정을 선수들이 실천할 수 있도록 심지 굳은 태도를 보이자.

4. 선수 각각의 역할을 정의하자

이에 관해서는 이미 언급한 바 있다. 나는 시즌 첫 경기에 들어가기 전에 항상 전체 팀 미팅을 열어 모든 선수의 역할을 명확히 정의하는 시간을 갖는다. 선수 개개인이 책임져야 할 부분을 구체적으로 직접 지시하거나 설명한다.

자신의 임무가 무엇인지 명심하고 경기에 임하는 것은 선수들에게 매우 중요한 일이다. 감독으로 지내는 동안 나는 팀 내에서 자신의 위치가 어디쯤인지 확인하고 싶어 하는 선수들의 모습을 많이 발견할 수 있었다. 그럴 때는 혼자 자신의 역할을 추측해보고 지레 실망하게 하는 것보다 해내야 할 숙제를 명확히 안겨주는 것이 선수에게 더 도움이 된다.

팀 전체로 봐도 선수 각자가 자신의 역할을 이해하는 것은 중요하다. 팀의 강점과 약점을 적절히 조화할 필요가 있기 때문이다. 모든 선수가 자신이 무엇을 해야 할지 정확히 모르면 팀은 하나의 개인처럼 움직이지 못한다. 그래서 나는 각자의 역할을 정의할 때, 선수 자신이 팀을 위해 무엇을 해야 모두 함께 성공할 수 있는지를 아주 명확히 하는 편이다.

선수에 따라 팀에서 정의해준 역할을 좋아할 수도 있고 싫어할 수도 있다. 그래도 일단은 받아들이게 할 필요가 있다. 그렇게 하지 못하면 그 선수는 팀의 일부가 될 수 없기 때문이다. 물론 나는 자신의 역할에 문제가 있다고 생각하는 선수와는 전체 미팅 후에 따로 대화하는 기회를 가지곤 한다.

또한 각자의 역할은 시즌마다 바뀔 뿐만 아니라 시즌 중, 심지어 경기 중에도 바뀔 수 있다. 자신이 주전으로 뛰어야 한다고 믿고 있다면, 그 선수는 연습과 경기에서 그 사실을 증명해야 한다. 접전인 경기 막바지에 출전하고 싶다면, 그 짧은 시간에 더 많은 것을 보여줄 수 있는 가치 있는 선수임을 드러내야 한다. 그런 판단의 순간순간마다 어떤 결과를 내보이는가에 따라 다음 경기, 또는 다음 시즌에 그 선수의 역할은 달라진다.

역할 정의는 어려운 일일 수 있다. 하지만 선수들을 존중하는 마음으로 대한다면, 그들은 자신의 역할을 받아들일 것이다.

그리고 그렇게 해야 이후에도 선수들에게 다른 많은 역할을 요구할 수 있게 된다.

5. 공정하게 판단하자

코치는 언제 어디서나 공정하게 판단하고 처신해야 한다. 팀의 규율은 모든 선수에게 똑같이 적용하자. 공평함에는 협상의 여지가 없어야 한다. 이 원칙이 무너지면 팀을 온전히 유지할 수 없다. 건물에서 주춧돌을 빼내는 일이나 마찬가지다.

지난 시즌 우리 팀은 외국인 선수를 포인트가드로 선발하는 파격적인 결정을 내렸다. 그 주인공은 조 잭슨이었다. 보강이 절실한 자리였기에 그의 뛰어난 기량이 팀에 큰 도움이 되리라 생각했다.

실제로 조 잭슨의 기량은 만족스러웠다. 하지만 그는 조금이라도 자신에게 거친 플레이를 한다 싶으면 그냥 넘어가지 못하고 곧바로 응징하려는 모습을 보이곤 했다. 경기에 내보내면 상대 선수에게, 심지어 훈련 중에 동료와도 주먹다짐하려 했다. 폭력 행사는 스포츠맨십에 어긋나므로 몇 차례 주의를 줬고, 우리 팀에서는 싸우거나 팀워크를 해치는 행동을 하면 누구든 똑같이 징계한다는 원칙도 알려줬다.

어느 날 그는 연습 도중에 장재석과 시비가 붙었다. 또다시 자제력을 잃고 필요 이상으로 민감하게 반응하는 모습이었다. 매우 당황스러운 상황이었지만, 팀의 수장으로서 더

지난 시즌 맹활약한 조 잭슨

는 용납해선 안 된다는 생각이 번뜩 들었다. 긴 시즌을 잘 보내려면 당장 성적보다 팀 기강이 훨씬 더 중요하기 때문이다.

결국, 나는 조를 다음 원정경기에 합류시키지 않았다. 그리고 원정길에 오르기 직전에 조의 에이전트에게 그가 팀의 원칙과 약속을 이행하지 않으니 내보내겠다고 통보했다.

다행히도 이 조치는 이전까지 강하게 자존심을 세웠던 조 잭슨이 변하는 계기가 됐다. 그는 경기 당일 새벽에 직접 원정경기 숙소로 찾아와 자신의 잘못을 인정하고 뉘우쳤다. 그리고 그 자리에서 선수 전원에게 공개적으로 사과했다.

조는 마지막 기회를 얻었고, 몰라볼 정도로 태도가 좋아졌다. 그의 플레이도 이타적으로 바뀌면서 컨디션이 상승하는 효과까지 보였다. 정작 시비가 붙었던 장재석과는 이후에 꽤 친해졌고, 코트 위에서의 콤비 플레이도 잘 이뤄졌다. 그렇게 만들어진 좋은 분위기는 챔피언결정전까지 유지됐고, 조의 맹활약은 오리온스의 챔피언 등극을 일궈낸 중요한 요인 중 하나가 됐다.

이제 와서 솔직히 말하자면, 조 잭슨을 내보내겠다고 통보했던 시점에 우리 팀에는 그를 대체할 선수도, 방법도, 계획도 전혀 없었다. 심지어 바로 다음 경기를 대비한 준비도 모두 망가졌다. 만약 거기서 조가 진짜로 그냥 박차고 나갔다면 타격이 매우 컸을지도 모른다. 그래도 처음부터 우리 팀의 원칙과 규율을 명확히 알려줬고, 알려준 그대로 처벌하려 했기 때문에 더 큰 문제로 발전하지 않았다고 생각한다. 조 잭슨이 빠르게 자신의 잘못을 인정한 것도 같은 이유로 문제를 정확히 깨달았기 때문이라 생각한다.

만에 하나, 내가 조 잭슨의 과민반응을 '우리 팀에서 빠지면 안될 선수'라는 이유로 그냥 내버려 뒀다면 어떻게 됐을까? 당장 치러야 했던 그 다음 날 게임을 계획한 대로 경기했을 수는 있었을 것이다. 하지만 그 자리에서 크게 문제가 생겼던 두 명의 선수를 결국 잃었을지도 모른다. 그 뒤에 더 많은 문제에 시달렸거나 팀 전체의 조직력이 깨졌을지도 모른다. 원칙대로 처리한 덕분에 하나의 '해프닝'으로 끝났고 전화위복이 됐다.

팀의 규율 수준은 어느 정도로 정해야 적당할까? 엄격할수록 좋을까, 아니면 느슨해야 좋을까? 이에 관해서는 여러 유명 코치마다 서로 다른 견해를 갖고 있어서 딱 잘라 말하기 어렵다. 코치의 성향이나 팀이 처한 상황 등에 따라 변할 수 있는 부분이기도 하다.

왕년에 골든 스테이트 워리어스(Golden State Warriors)를 우승으로 이끌었던 알 애틀스(Al Attles) 감독은 선수에 관한 놀라운 통찰력의 소유자였다. 그는 길거리농구부터 NBA까지 두루 경험한 덕분에 선수와의 문제를 어떻게 해결할지 잘 아는 감독이었다. 애틀스가 중요하게 여겼던 사항은 철저한 시간 엄수, 동료와 코치진의 신뢰, 선수 개인의 임무 자각하기 정도가 전부였다. 이 원칙들만으로도 선수들이나 다른 코치들과 항상 훌륭한 관계를 유지했다.

애틀스 사례는 규칙의 양이나 강도보다 더 중요한 요소가 있음을 시사한다. 한번 세운 원칙을 모두가 확실히 지키도록 하는 것이다. 규칙이 많지 않은 코치가 되어도 좋다. 대신, 규칙을 만들 때 효용성을 충분히 고려해서 정하자. 그리고 자신이 세운 규칙에 확신을 갖고, 최대의 효용을 낼 수 있도록 철저히 밀어붙여야 한다.

선수들이 규율을 지키지 않는다면, 반드시 따르도록 할 수단을 준비해야 한다. 벌금을 부과하던지, 한 경기 또는 그 이상 출장정지를 시키던지, 동료를 위해 밥을 사게 하던지 등등 상황의 강약에 따라 다양한 방법을 취할 수 있다.

규율에 따른 상벌을 개인에 따라 다르게 조치할 수도 있다. 어떤 선수에게 달리기는 효과적인 처벌이 되지만, 다른 어떤 선수에게는 아무 느낌 없는 일일 수도 있다. 그런 선수에게는 달리기보다 아침 6시에 기상해서 공부하라는 지시가 더 엄격한 벌이 될지도 모른다. 이와 반대로, 누구에게는 일찍 일어나기가 어려운 일이지만, 다른 누구에게는 아무 문제도 아닐 수 있다.

6. 선수 한 명 한 명에게 관심을 두자

드래프트든 트레이드든 FA든, 혹은 스카우트나 입학이든 팀에 입단하는 선수는 일반적으로 코치 자신이 좋아하거나 관심 있는 선수가 틀림없다. 그리고 그런 선수를 데려와야 한다. 시즌 중에 자신과 가장 많은 ― 어떨 때는 가족보다도 더 ― 시간을 함께할 사람이기 때문이다. 그래서 그 선수를 잘 알아야 할 필요가 있다. 팀 구성원에 관해 파악하지 못하고 있으면 기본적으로 코치가 바라는 목적을 성취하고 상벌을 적용하기 어려운 것도 사실이다.

그런 관점에서 선수 각자와 좋은 감정을 나누려는 시도는 중요하다. 이럴 때, 대화나 상담은 효과적인 수단이 된다. 나는 선수들과 개인적으로 이야기하는 동안 굉장한 결과를 얻었다. 반면, 똑같은 이야기를 팀 앞에서 했을 때는 그만큼 효과를 얻지 못했다.

선수들을 잘 알고 있으면 종종 팀 운영이나 경기 등에서 이점이 생긴다. 어떤 선수에게는 소리치는 것이 경기력을 더 끌어올리는 데 도움이 되기도 한다. 반면, 큰 소리로 호령할 때 눈물을 보이는 선수에게 그렇게 했다면 게임을 망치는 원인을 제공한 셈이 될 수도 있다. 특징과 성향 파악은 코치가 놓치지 말아야 할 부분이다.

되도록 서로의 관계를 항상 돈독히 하려 노력하자. 이 책 초반부에 코치와 선수 관계가 사제지간에 가깝다고 이야기한 바 있다. 같은 팀에 있을 때는 실제로 그렇다. 하지만 선수가 나이를 먹고 성장하게 되면, 결국 동종업계 동료이자 경쟁자며 공통관심사를 지닌 선후배 관계로 변한다. 서로 도움을 주고받으며 때로는 의지가 되고, 귀중한 조언을 얻을 수도 있는 사이가 된다. 어느 정도 시간이 지나면 헤어질 사람이라고 해서 관계를 대충하지 말자.

학교에서 만나는 선수들은 대개 3~4년 만에 팀을 떠난다. 그 기간이 길다고 말하기는 조금 어렵다. 프로가 되면 약간 달라지지만, 그래도 같은 팀 코치와 선수로 한솥밥을 먹는 기간이 5~10년씩 되는 경우가 그리 흔한 편은 아니다. 인간적인 끈을 쉽게 놓치지 않도록 유의하자.

징계나 벌을 가할 때조차도 선수를 사랑하는 마음과 관심을 내려놓지 말아야 한다. 자신을 하나의 존중받는 인간으로 대한다는 사실을 체감하는 선수는 징계나 벌을 감정적으로만 받아들이지 않을 공산이 크다. 마찬가지로 어떤 상황에서도 선수를 이해하려 노력할 필요도 있다. 코치는 얼마든지 선수들을 포용할 수 있는 위치에 있는 사람이다.

코치로서 경험할 수 있는 가장 큰 즐거움은 얼마나 많은 승리와 우승을 경험하냐에 집중되어 있지 않다. 선수들을 향한 사랑과 그에 보답하는 결과 또한 엄청난 행복감과 보람을 가져다준다. 그러니 자신이 발휘할 수 있는 최대의 능력으로 선수들을 보살피자. 선수들이 의지할 수 있는 사람이 되고자 노력하자.

그리고 아무리 사소한 문제라도 그냥 지나치지 말자. 작은 것에서 선수들이 애정과 관심을 받고 있다는 사실을 자각할 때도 자주 생긴다.

7. 인생의 진리를 가르쳐주자

마지막으로 강조하고 싶은 점은 선수들에게 삶의 기술을 알려주라는 것이다. 자신이 맡은 선수들이 학교를 떠나거나 은퇴한 뒤에도 성공적인 삶을 이어가는 데 도움이 될만한 조언을 전혀 해줄 수 없다면, 코치란 직업을 선택한 이유를 근본적으로 재고해볼 필요가 있다.

개인적인 노하우 중 하나를 공개하자면, 나는 틈틈이 선수들에게 '패배를 거부하는' 태도를 가르쳐주려 노력하는 편이다. 지지 않기 위해 플레이를 하자는 것이 절대 아니다. 이기기 위한 플레이를 하자는 의미다. 경기를 많이 하다 보면 이길 때도 있고, 질 때도 있다. 하지만 그저 점수판에서의 승리와 패배일 뿐이다. 숫자상으로 졌다 해도 이기기 위해 진정으로 노력했다면 실질적인 패배가 아니다.

또한 우리 팀이 졌다는 이유로 누구도 비난해서는 안 된다. 이는 다른 누군가의 승리 언저리에 머무는 행동에 불과하기 때문이다.

우리 팀에 부족했던 부분과 실수에서 뭔가 배우고 진일보할 수 있어야 이를 인생에서의 성공으로 한 발짝 더 다가서는 과정으로 소화할 수 있다.

나는 선수들에게 이런 개념을 설명할 때, 다음과 같은 예를 들곤 한다.

> "만약 내가 컴퓨터를 팔고 있다고 해보자. 다른 경쟁자가 나타나서 내가 열심히 팔던 똑같은 제품을 팔기 시작한다면 어떻게 대처해야 할까? 그 경쟁자를 찾아가 안면에 펀치를 날려야 할까? 아니면 그 경쟁자와 거래한 손님을 찾아 내가 판매를 못 했던 이유를 알아내야 할까? 내 판매방식에 문제가 있었나? 그리고 경쟁자를 만나면 웃으며 다음에 보자고 말할 수 있을까? 나 자신에게 괜찮다고 말할 수 있을까?"

매번 이기기만 하면서 삶을 영위하는 사람은 거의 없다. 선수들의 승률보다는 경쟁심을 키워주자. 경쟁은 자신의 잠재력을 파악할 수 있게 해주는 매개체다. 사람들은 보통 자신의 한계를 느끼는 것을 두려워한다. 그래서 실수하지 않을 만큼만 하려는 경향을 보인다. 경쟁으로 이를 극복하게 도와주자. 그러다 보면 승률 100%에 조금씩 가까운 플레이를 할 수 있을 것이다.

자, 내 노하우 중 하나는 이렇다. 방법은 각자 다를 것이고, 그 내용 또한 같을 수 없다. 중요한 점은 선수들에게 삶의 지혜를 가르쳐주자는 것이다. 그래서 선수들이 항상 배우고 향상하려 노력하게 하자는 것이다. 코치 자신이 완벽한 삶을 살고 있지 않아도 좋다. 자신이 아는 선에서 자신이 잘 알려줄 수 있는 부분을 가르쳐주면 된다. 이는 코치가 꺼내 들 수 있는 마지막 기술이다.

지금까지 설명한 일곱 가지 생각이 코칭 생활에 도움되기 바란다. 지금까지 너무 묵직한 내용만 잔뜩 펼쳐놓은 것 같아 걱정이지만, 어쨌든 이 책은 철학책이 아니다. 그저 'X'와 'O'에 관해 조금 이야기했을 뿐이다. 하지만 코치의 위치에 서 있으려면 명확한 태도와 마음가짐의 유지가 필요한 것도 사실이다. 'X'보다 'O'에 더 가까워지고 그 가짓수가 많아질수록 코치로서의 소양은 더욱더 굳게 다져질 것이다.

미국 투어 중 코칭 클래스에서 제리 크라우스를 직접 만났다. 왼쪽부터 성준모 코치, 나, 제리 크라우스, 김승환 코치

평정심을 유지하자

나는 '코치는 항상 쿨해야 한다'는 주의다. 과도한 행동을 취할 필요도 없고, 모든 문제에 정답을 가지고 있지 않아도 좋다. 하지만 명확한 견해와 평정심을 항상 유지할 필요가 있다.

예민하게 반응하는 것이 능사가 아님을 배워야 한다. 예를 들어 경기에서 패한 직후에 즉각적으로 감정을 드러내면 팀에 악영향을 끼칠 수 있으니 유의해야 한다. 기분이 안 좋거나 화가 났을 때는 자신도 모르게 입에서 실언이 흘러나올 수 있기 때문이다. 잘못하면 이후 며칠, 또는 몇 주에 걸쳐 팀이 나쁜 흐름에 빠지는 원인을 제공하는 셈이 될 수도 있다. 전미농구코치협회의 권고사항은 경기가 끝난 후에는 되도록 짧게 이야기하라는 것이다. 하고 싶은 이야기는 다음 연습 때 하면 되기 때문이다.

특히 감독은 여러 사람의 역할을 맡아야 하고, 여러 가지 일을 수행해야 한다. 각기 다른 선수를 이해하고 받아들일 줄도 알아야 한다. 어떤 선수는 아기 같기도 하고, 어떤 선수는 아예 터치 받는 것을 질색하기도 한다. 감독은 유연하게 선수 개개인을 받아들여 팀의 균형을 잡아야 한다. 이미 몇 시즌 정도 감독직을 수행해본 사람이라면, 아마도 이런 부분에 요령을 터득했을 것이다. 너무 많이 염려하거나 진이 빠지지 않으면서도 팀의 균형을 유지하는 법 말이다.

감독과 심판 관계는 미묘한 문제이므로 살짝만 언급하고 넘어간다. 심판도 사람인지라 경기 중에 몇 차례 실수를 범할 수도 있다.

존경받는 코치가 되기 위한 12가지 제언

좋은 코치가 되려면 어떤 소양을 갖춰야 할까? 다음은 전미농구코치협회가 제시한 '코치를 위한 덕목(Code of Ethics)'이다. 어떤 점을 강조했는지 하나씩 살펴보자.

1 정직해야 한다. 코치는 정직과 성실의 표준이 될 필요가 있다. 코치의 모든 행위는 규칙을 준수하는 선에서 교육적 목적으로 진행되도록 한다. 이는 선수들과의 신뢰 형성과 올바른 코칭의 근간이 된다.

2 선수의 협력자가 된다. 코치는 선수들이 운동의 지식과 기술을 향상할 수 있게 도와야 한다. 또한 가장 이상적인 코치의 지시는 선수에게 필요한 개인적·사회적 자질을 얻게 해주는 내용이어야 한다.

3 모두를 공평하게 대한다. 코치는 공정한 플레이와 스포츠맨십, 상대에 대한 존중심을 두루 갖춘 롤 모델이 되어야 한다.

4 스포츠맨십을 보여준다. 정해진 규칙을 솔선수범해서 지키고, 선수와 팀 전체가 그렇게 하도록 유도한다.

5 협회와 국가가 정한 원칙에 협조하고 이를 어기는 행동을 삼간다.

6 선수들의 건강과 안전, 복지 등을 최우선시한다. 필요하다면, 인간의 신체와 생리를 공부하는 것도 좋다.

7 정확한 최신 정보를 토대로 지시한다. 그리고 이를 위해 끊임없이 공부한다.

8 코치는 자신과 동료와의 경쟁과 훈련, 경험의 상징임을 명심한다.

9 공적 관계를 유지한다. 특히 선수와 그 부모, 동료, 언론, 대중 등 외부의 이익과 연관된 갈등에 절대 휘말려서는 안 된다.

10 업무 중에 얻은 사적인 정보는 절대 외부에 노출하지 않는다.

11 과음이나 도박, 마약 등과 같이 사회적 파문이 생길 수 있는 문제에 관련되지 않도록 노력한다.

12 팀과 계약한 의무사항을 하나도 빠짐없이 이행할 수 있도록 노력한다.

그중에는 — 그냥 억울하다는 생각에 그치지 않고 — 경기 흐름에 결정적 영향을 주는 오심도 있기 마련이다. 경기 전에 미리 실수할 순간을 정해놓은 것은 아닐 테고, 다 어쩌다 보니 생기는 일이다.

그러나 여기서 확실히 짚고 넘어가야 할 점이 하나 있다. 한 경기에서 심판이 저지르는 실수의 숫자보다 우리 팀 선수들이 범하는 실수의 숫자가 훨씬 더 크다는 사실 말이다. 다시 말해서 우리 팀에 불리하게 작용하는 오심 때문에 경기에서 패할 확률보다 우리 팀이 스스로 저지른 실책 때문에 패할 확률이 훨씬 더 높다는 의미다. 코치는 이 점을 반드시 명심하자.

또한 감독과 심판은 상호존중의 관계여야 한다. 그러므로 너무 대들지 말자. 경기장에서 감독은 팀 전체의 거울이나 마찬가지다. 감독이 맨날 항의만 일삼고 심판들과의 논쟁에만 열을 올린다면,

경기 중 항의는 항상 주의해야 한다

선수들 역시 심판을 존중하기는커녕 감독을 따라 항의하고 불리한 점을 찾는 데만 골몰하게 된다. 선수들에게 좋은 본보기가 되기 위해서라도 항상 심판과 올바른 관계를 유지하자.

물론 이렇게 좋은 말만 늘어놓으며 이야기를 마무리하면 이 세상은 참 아름다운 곳이 됐겠지만, 솔직히 심판과의 관계는 언제나 어려운 숙제다. 경험이 부족했던 감독 초창기에는 나도 다소 무리하게 항의한 적이 꽤 있었다. 내가 모든 잘못을 심판 탓으로 돌리는 오류를 범하고 있지 않냐는 자성의 생각이 들고, 냉정하게 게임을 바라보자고 마음먹기 시작한 것은 시간이 좀 흐른 뒤부터다.

그래서 더 당부하고 싶다. 절대로 심판의 실수를 경기의 큰 흐름과 맞바꾸지 말자. 꼭 항의해야겠다 싶다면, 어느 정도 선에서 마무리 짓는 습관을 들이자.

그리고 경기 초반에 일찌감치 심판의 성향을 파악해서 대응하는 것도 코치의 의무이자 능력이다.

비난을 감수하라

팀이 승승장구할 때 모든 팀원에게 똑같이 공이 돌아가게 하는 것은 중요한 일이다. 그러나 팀이 연패에 빠졌을 때, 감독이 먼저 나서서 모든 책임을 질 줄 아는 것도 매우 중요하다. '선수들이 오늘 잘 못 뛰었다'는 식의 변명은 절대 입 밖에 내선 안 된다. "오늘 경기가 생각대로 안 풀렸는데, 다음 경기에는 보완해서 잘 풀어가 겠다.” 정도면 충분하다. 감독은 팀을 위해 희생하고 책임질 줄도 알아야 한다. 이는 선수들이 감독에 대한 신의와 노력을 통해 보답할 기회를 주는 것이기도 하다.

언론매체는 집요하고 치밀하며 때로는 영악하다. 가끔은 진실이 아니거나 팀과 감독, 선수의 의도와 다른 내용이 기사화되기도 한다. 팀 내부에 아무런 문제가 없는데도 이상한 기사를 뿌리는 매체가 나타날 수 있다. 그런 사실과 다른 루머가 TV나 인터넷, 소셜미디어 등을 통해 급속도로 퍼지는 현상을 경험할 수도 있다.

가끔은 구단 간부나 타 언론매체, 팬, 심지어 자신을 잘 아는 오랜 친구에게마저 “아니, 너희 팀에 무슨 일 났냐? 도대체 어쩌려고 그러냐?”는 식의 질문을 받을지도 모른다. 하필 팀이 연패에 빠져 있기라도 한다면, 이렇게 와전된 기사가 팀의 사기를 더 꺾을 수도 있다. 생각지도 못했던 다른 문제로 이어지기도 한다. 팀이 이미 문제를 파악해서 코치와 선수가 힘을 합쳐 이전보다 나아지고 있는데도 말이다.

이럴 때는 인내심을 잃지 말고 웃으며 침착하게 대응하는 것이 최선이다. 그리고 팀을 더 강하게 만드는 데 주력하자. 이런 외부 변수에 의한 위기는 우리 팀을 더욱 똘똘 뭉치게 하고, 얼마나 훌륭하고 강한 팀인지 증명할 기회가 된다는 점을 명심하자.

스포츠에서의 패배는 그 자체만으로도 팀에 미치는 충격의 강도가 꽤 된다. 분위기가 어수선한 채로 패하면 당연히 팀은 더욱더 좌초하기 쉬워진다. 그래서 이럴 때일수록 선수들이 더 응집된 힘을 낼 수 있게 기를 북돋워 주고 대화를 많이 해야 한다. 예를 들면 "이미 진 과거의 결과는 어쩔 수 없는 일이다. 내일 연습 때 오늘 안 됐던 부분들을 고쳐보자. 앞으로는 더 좋아질 것이다."라고 긍정적이고 희망적인 표현을 사용하자.

한순간에 갑자기 완벽해지는 팀은 없다. 대부분은 서서히 좋아졌다가 서서히 나빠졌다가를 반복한다. 그러니 매 순간 조금씩이라도 발전할 수 있도록 노력하자. 사람들에게 인정받고 기억되는 훌륭한 팀을 만들고 싶은 마음은 누구나 매한가지다. 하지만 이기는 팀이 있으면 지는 팀도 있는 것이 스포츠의 가장 기본적인 생리다. 성적이 안 좋더라도 창피해할 필요 없다. 쏟아지는 비난만큼 성장하면 되는 것이다.

코치란 직업도 때로는 고달프다

나는 어느 코치 못지않게 굴곡이 큰 코칭 생활을 한 편이다. 물론 정도의 차이가 있겠으나 어느 코치든 항상 이기고 우승만 하며 코치 생활을 하지는 못한다. 어느 해는 새로운 챔피언이 되기도 하고, 꼴찌가 되기도 한다. 각기 다른 개성과 장점이 있는 선수들과 한솥밥을 먹으며 하나의 목표를 위해 가족과 친구, 심지어 자신의 삶 일부분마저 포기하고 전부 쏟아부어도 매번 성공적일 수는 없다. 잘은 몰라도 '세상만사 뜻대로 안 된다'는 오래된 격언은 아마 스포츠계에서 만들어진 말일 것이다.

그나마 기대치 이상의 성적을 냈을 때는 다행이다. 칭찬받고 인정도 받으며, 개인적인 만족과 성취감 외에도 여러 방식의 보상을 얻으니 말이다(물론 마냥 좋을 수많은 없는 게, 그만큼 높아진 기대와 목표가 부메랑처럼 돌아온다). 그렇지 않을 때 얻는 마음의 상처나 심리적 피폐함은 어떤 것으로도 대체할 수 없으며 보상받을 수도 없다.

어쩔 수 없이 이렇게 글로 표현하긴 하지만, 코치의 삶을 살면서 직접 겪는 패배와 동반된 실망과 좌절감은 실제 경험해보지 않은 사람과 공감하기 쉽지 않은 '심각한 타격'임에 틀림없다. 처음 감독을 맡아 한 시즌을 보낸 코치들은 그래서 한결같이 '이렇게 힘들고 스트레스받는 자리인지 몰랐다'는 이야기를 꼭 하곤 한다.

때로는 경기 외적인 문제로 상처받고 혼란스러워지기도 한다. 부정한 짓을 저지르지도 않았고, 최선을 다해 경기에 임했는데도 단지 졌다는 이유로 야유받는 경우가 허다하다. 특히 인터넷과 온라인 문화가 발달하면서 조금의 실수도 용납하지 않는 냉정한 질타는 더욱 거세졌다.

대중의 의식뿐만 아니라 선수들의 사고방식도 달라졌다. 그래서 심지어 어떤 사람은 농담 반 한탄 반으로 '과거 일방적인 주입식 교육과 철저한 상명하복 문화가 스포츠에 팽배했던 시절이 지도하기 더 편했다'고 요즘 코치의 고충을 반어적으로 표현하기도 한다.

게다가 프로팀을 맡으면 외국인 선수도 찾아야 하고, 학교 운동부를 맡으면 선수 스카우트에도 신경 써야 한다. 농구교실을 직접 운영하면 돈 관리부터 학부모 상담까지 일인다역을 해야 할 수도 있다. 주말과 휴일에 경기가 펼쳐질 때도 잦고, 대회나 시즌 일정이 겹치면 명절에도 일찍부터 경기장에 나와야 한다. 이렇게 심신에 모두 여유 없이 살다 보면 자칫 가족과 친구, 취미, 신앙, 인간관계 등 삶에서 중요한 것들에 투자할 여력 자체가 사라진다.

자신의 상처를 뒤로하고 주위 사람들의 상처를 감수해야 한다. 하고 싶은 말도 마음대로 못하고, 가족이 필요할 때 정작 상황이 여의치 않아 혼자 가슴앓이를 해야 할 때도 있다. 퇴직금과 정년이 보장되지도 않는다. 겉으로 보기에는 '감독님'이나 '코치님', 때로는 '선생님'으로 불리는 이 코치란 직업이 멋져 보일지도 모르겠지만, 순전히 직업인의 희로애락으로만 따져보면 코치는 육체적으로나 정신적으로나 극한직업으로 정의해야 맞다.

결국, 이 모든 사항을 종합하면 다음과 같은 물음에 도달한다. '도대체 왜 우리는 이런 직업을 사랑하며 온몸을 불사르는 걸까?' 그 대답은 굳이 하지 않으련다. 온갖 애로사항에도 불구하고 선뜻 도전해볼 만한 의미와 매력과 희열이 있는 직업이란 사실은 이미 다 알고 있지 않은가?

이런 여러 스트레스에 적응하기 바란다. 요즘에는 정신적 고통과 스트레스를 해소하기 위한 심리상담이나 정신과 치료를 받는 사람도 많아졌다고는 하는데, 정작 운동팀 코치를 위한 특별 심리치료 프로그램은 안타깝게도 없는 듯하다. 그러니 당장은 스스로 해결하는 수밖에 없다.

무엇보다도 모든 것을 잊고 새로운 에너지와 열정을 담을 수 있는 시간과 여유를 갖자. 개인적으로는 선수들처럼 코치도 틈틈이,

특히 비시즌에 충분한 휴식과 기분전환이 필요하다고 주장하는 바다. 성과를 내는 코치도 좋고 잘 가르치는 코치도 좋지만, 심신이 건강한 코치가 되는 것 또한 중요하다.

끊임없이 배워라

우리 농구계에도 그 역사의 길이만큼 코치로서 탁월한 역량을 발휘했던 선배들이 많이 있다. KBL을 포함한 여러 리그와 각급 학교 등에서 현역으로 활동하는 코치 중에도 훌륭하게 자신의 임무를 수행하고 있는 사람이 많다.

그러나 안타깝게도 그 선배들의 노하우나 마인드를 후배들이 배워갈 기회는 별로 많지 않았던 듯하다. 특히 농구 선진국인 미국이나 유럽 여러 나라와 달리, 한 팀의 감독-코치로 만나거나 사제지간으로 얽히는 경우를 제외하면 책이나 각종 시각 자료, 코칭 클리닉 등 코치 초년병이나 지망자가 참고할 방법이 별로 시도되지 않고 있다. 그 이유는 여러 가지지만, 그동안 공개적으로 뭔가를 전수하고 공유하는 여건이 잘 형성되지 않았던 것이 가장 근본적인 원인이 아닐까 생각한다.

사실 우리나라 코치 선배들에게는 배울 점이 아주 많다. 무엇보다도 치밀함과 열정, 성실함 등에서 그 우수성을 확인할 수 있다(물론 그 팀에 속한 선수들은 죽을 맛이라고 생각할 수도 있겠다). 그리고 같은 선진 농구를 들여오더라도 팀 실정에 맞게 잘 변형해 자신만의 노하우로 만드는 능력 또한 탁월하다.

프로리그가 생기고 외국인용병제도가 도입되면서 국제농구의 흐름을 빠르게 파악하는 것도 중요한 사안이 됐는데, 그런 면에서도 국내 코치들은 다른 어떤 나라 코치 못지않게 엄청난 노력을 쏟는다. 새로운 전술이나 패턴, 또는 쓸만한 외국인 후보가 나타나면 얼마 지나지 않아 국내 경기에 반영되곤 한다. 어떤 면에서는 인터넷의 발달에 감사해야 할 일이기도 하지만, 한편으로는 여전히 벤치마킹은 미디어를 통해 제한적으로밖에 못한다는 점이 안타깝게 느껴진다.

어쨌든 대한민국 코치들의 우수성은 (적어도 아시아권에서는) 최고로 좋은 평가를 받고 있다 해도 과언이 아니다. 특히 중국이나 일본에서는 이미 여러 차례 검증받은 바 있다. 선수 때 받아본 적 없는 해외영입 제의를 받는 코치도 적지 않다. 임영보 선생님이나 정주영 선생님, 정해일 선배 등은 아직도 일본에서 활약 중이다. 우리보다 농구 강국이라고 알려진 중국에서는 성(省)마다 국내 전국체전급의 큰 대회가 열리는데, 대회 출전 및 준비를 위해 대한민국 코치를 찾는 경우가 심심찮게 생긴다고 한다. 얼마 전까지 함께 팀을 지도했던 김용식 코치에 따르면, 대한민국 코치의 중국 선호도가 높은 가장 큰 이유는 바로 성실함과 열정 때문이라고 한다.

그래도 개인적인 바람은 농구코치 생활에 막 입문한 젊은 코치 지망생들이 많은 배움의 기회를 얻을 수 있는 환경과 인프라가 조성되는 것이다. 관련 기관과 협회가 더욱 체계적으로 접근할 필요도 있다고 본다. 코치들의 경쟁력을 더욱 높이고 후배들이 더 많이 공부할 수 있도록 유능한 코치 선배들이 먼저 나서서 자신의 철학이나 전술 등을 공유해줬으면 하는 생각도 있다(개인적으로 감독 생활을 지속하는 동안 틈틈이 짬을 내어 글을 쓰고 책을 출판하려는 이유도 미력하나마 이런 분위기에 도움이 되었으면 하는 바람 때문이다).

이 책을 읽고 있는 사람 중에는 이미 훌륭한 선수를 발굴하고 키워낸 코치도, 훌륭한 감독과 함께 생활해본 코치도 있을 것이다. 그 과정에서 기술적인 부분부터 정신적인 부분까지 최대한 많이 배우려 노력했고, 또 배웠을 것이다. 그리고 감독이나 코치로 오래 살아남으려면 어떻게 해야 더 좋은 팀을 만들고 유지할 수 있는지를 끊임없이 고민하고 연구하고 공부하는 과정에서 벗어날 수 없다는 사실을 이미 잘 알고 있으리라 확신한다.

코치도 항상 공부하는 자세여야 한다. 왼쪽부터 나, 김병철 코치, 조상현 코치

　마지막으로 현역 코치 후배들, 그리고 농구코치 지망생들에게 딱한 마디만 더하고 싶다. 코치 생활을 시작해서 한 팀의 감독으로 부임하고 나면 이제 올라올 수 있는 곳까지 다 올라왔고, 따라서 자신의 학습은 끝날 거라는 생각이 들지도 모른다. 하지만 그런 생각은 절대 금물이다. 그럴수록 가능한 한 더 많이 코칭 클리닉에 참가하고, 더 많은 연습과 경기를 체험하며, 꾸준히 관련 지식과 정보 교류에 힘써야 한다. 스스로 자신의 강점과 약점을 파악하고 개선하려 노력하자. 그렇게 항상 배우려는 자세로 임하고 자신의 농구 철학을 확고히 발전시킨다면 얼마든지 자신만의 스타일을 창조하고 존경받는 지도자가 될 수 있을 것이다.

　그리고 농구에서의 인간적 측면을 절대로 놓치지 말자. 선수들의 심리를 이해하려 노력하고 독려하는 것도 코칭 공부와 연구의 연장선에 있는 일이다. 어떤 전략으로 경기에서 이기는가와 똑같은 비중으로 중요한 부분임을 명심하자. 농구는 살과 피로 이뤄진 인간이 서로 부대끼며 하는 경기다. 이 사실을 망각하고 너무 기술적인 면에만 치우친다면, 선수를 망칠 수도 있다는 점을 유의해주기 바란다.

제3장

동기부여와 리더십

　나는 농구를 개인종목과 달리 기술과 기교, 스피드, 그리고 공감대로 정의했던 존 우든 감독의 주장에 적극적으로 동의한다. 여기서 '공감대'는 코트에서 뛰는 다섯 명이 함께 노력할 수 있게 하는 응집력 정도로 해석하면 된다. 이 정의가 다소 생소하다고 느껴진다면, 그냥 팀워크 정도로 받아들여도 좋다.

　물론 우든 감독과 100% 공감한다고 해서 모든 문제가 해결되지는 않는다. 직접 경기를 해나가야 할 사람은 코치가 아니라 선수들이기 때문이다. 아무리 훌륭한 마음가짐과 적절한 훈련방식, 기발한 전술을 모두 겸비했더라도 선수들이 코치가 원하는 대로 따라오지 않거나 못한다면, 성공과는 거리가 멀어질 수밖에 없다. 반면, 멤버 전원이 자신의 역할이 무엇인지 잘 알고 있고 그에 알맞은 역량을 충분히 발휘할 때, 그 팀은 성공할 수 있다.

그러므로 얼마나 확고한 코칭 철학을 지녔는지나 코치 자신이 얼마나 정신적으로 무장이 잘 되어있는지 등과 별개로 '모든 구성원을 하나의 팀으로 뭉치게 하고, 같은 목표를 향해 코치가 제시한 길을 따라 함께 나아갈 수 있는지'에 대한 문제는 또 하나의 숙제이자 고민거리다.

앞서 설명했던 요소들도 문제 해결에 어느 정도 도움될 수 있을 것이다. 이미 충분히 선수들에게 존경받고 팀을 잘 이끄는 중인 코치에게는 장황한 설명이 필요 없을 수도 있다. 하지만 앞장서서 하나의 조직을 원하는 방향으로 전진할 수 있도록 지휘해본 경험이 부족하거나 뭐부터 시작해야 할지 관한 감이 전혀 없다면, 이제부터 제시할 몇 가지 핵심 키워드와 그에 관한 설명을 유심히 읽어보면 좋을 것이다. 그리고 감독들이 왜 그렇게 하나같이 정신력을 강조하고 중시하는지도 이해하게 될 것이다.

동기부여보다 좋은 선물은 없다

단언컨대 스포츠에서 동기부여는 제일 중요한 이슈 중 하나다. 무엇보다도 신체적으로 힘든 과정을 겪는 훈련과 경기에서는 심리적 요인 역시 선수나 팀에게 눈에 보이지 않는 전력으로 작용하기 때문이다.

농구도 마찬가지로 어느 정도는 정신력 싸움이자 동기 유발의 경기다. 만약 내게 농구에서 기술적인 부분과 정신적인 부분 중에 어느 것이 더 중요한지 묻는다면, "둘 다 똑같이 50-50으로 중요하다."라고 대답할 것이다. 심리적 측면은 플렉스 오펜스(Flex Offense)나 매치업 디펜스(Match-up Defense)처럼 작전판에 패턴으로 그려서 보여줄 수 없다. 선수들에게 설명하기도 어렵고, 연습시키거나 체득하게 하기도 더 어렵다.

이렇게 과감하게 말할 수 있는 근거는 강인한 정신력과 의지를 바탕으로 승부에 큰 영향을 미쳤던 결과를 농구 역사 속에서 수없이 많이 찾아낼 수 있기 때문이다. 1997-98시즌 KBL 챔피언결정전 시리즈에 나섰던 허재(전 전주 KCC 이지스 감독) 역시 그런 대표적 사례다.

당시 만 33세의 적지 않은 나이였던 허재는 오른쪽 손등뼈에 금이 가서 깁스해야 했고, 시리즈 도중에 눈덩이가 찢어지는 부상까

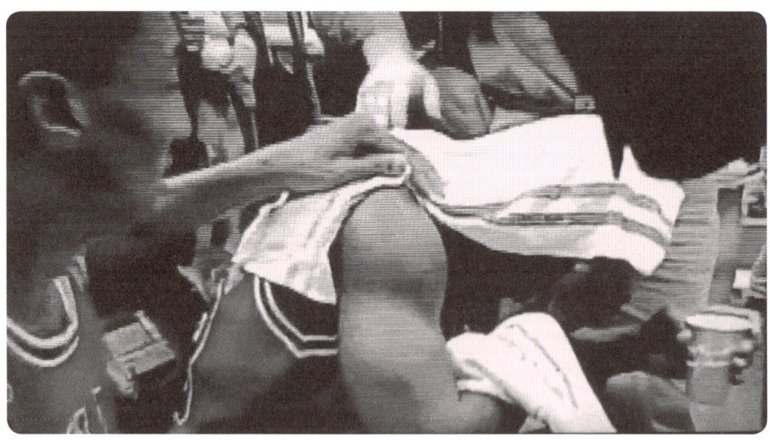

농구경기에서는 심리적인 면도 매우 중요하다.

지 발생했다. 하지만 시종일관 놀라운 투혼을 발휘하며 평균 23득점에 어시스트 6.4개, 리바운드 4.3개, 스틸 3.6개 등 특급 성적을 기록했고, 결국 시리즈 MVP에 뽑혔다(KBL 20년 역사상 유일하게 준우승팀에서 MVP 수상자가 나왔던 시즌이다). 그 덕분에 당시 허재의 소속팀 부산 기아 엔터프라이즈는 전력 면에서 한참 열세라는 예상을 깨고 선전을 거듭하며 대전 현대 다이냇을 상대로 최종 7차전까지 승부를 끌고 갈 수 있었다.

이와 비슷한 사례가 1997년 NBA 파이널 5차전에서 심한 감기 몸살에 걸린 상태로 출전했던 마이클 조던의 활약이다. 그 경기에서 조던은 평소보다 땀도 훨씬 더 많이 흘리고 눈에 띄게 힘들어했으며, 벤치에서는 수건을 덮은 채로 누워있다시피 하는 등 최악의 컨디션을 보였다.

그러나 그는 무려 44분이나 뛰면서 38득점에 7리바운드, 5어시스트, 3스틸, 1블록을 기록했다(참고로 조던의 개인 통산 NBA 파이널 득점 평균은 33.6점이다). 심지어 경기 종료 25초를 남기고는 결승 득점이 된 3점 슛을 성공시키는 놀라운 결과를 만들어냈다.

두 선수 모두 '우승'이란 목표 달성을 위해 한껏 동기부여가 됐던 사례다. 이렇듯 스포츠에서 정신력의 힘은 ― 명확하고 긍정적인 방향으로 향하기만 한다면 ― 종종 엄청난 결과를 가져다준다. 그리고 그 결과 대부분은 동료와 코치진, 응원하는 관중과 팬들에게 크나큰 흥분과 감동을 선사하며, 인상적인 기억으로 남겨진다(여기에 덤으로 그 활약상이 하이라이트 영상으로 만들어져서 영원히 회자하기도 한다).

이와 반대로, 동기부여의 부재나 잘못된 방향으로의 동기부여는 부정적 결과를 가져오기도 한다. 그렇게 해서 생겨나는 끝 없는 슈팅 난조나 감독과 선수 간의 불화, 부상 등의 문제는 선수 개인뿐만 아니라 팀 전체의 조직력에도 엄청난 타격을 준다.

그래서 수많은 코치가 훈련장에서, 경기장 벤치에서, 심지어 인터뷰나 글을 통해서도 이 동기부여 항목을 강조한다. 농구인들의 코칭 에세이를 읽어보면 국내외를 막론하고 항상 이 내용이 빠지지 않고 들어가 있다. 그만큼 중요도가 높다는 의미다.

개인적으로 가장 마음에 들었던 건 스캇 스카일스(Scott Skiles)와 존 바흐(John Bach)의 풍부한 경험에서 우러나온 이야기다. 그래서 이 책에도 일부 인용했다. 스카일스는 1986년 NBA 드래프트 1라운드 지명을 받았던 선수(포인트가드) 출신 코치며, 지난 시즌 올랜도 매직(Orlando Magic)의 사령탑을 맡았던 바 있다. 그 외에도 피닉스 선즈(Phoenix Suns)와 시카고 불스, 밀워키 벅스(Milwaukee Bucks) 등의 NBA 팀에서도 감독 생활을 했으며, 한때는 유럽 리그 코치 생활도 했던 베테랑이다.

바흐는 NCAA와 NBA를 통틀어 약 50년가량 코치로 활약한 백전노장이다. 경력 대부분을 어시스턴트 코치로 지내며 만 82세가 다 되도록 현역으로 활동했던 최고의 감독 보좌관 중 하나다(안타깝게도 바흐는 지난 2016년 1월 만 91세의 나이로 세상을 떠났다).

　상무 감독으로 생활하던 때였으니, 2001년 즈음으로 기억한다. 우리 팀에 정훈종이란 선수가 입대지원서를 제출했다. 정신력 강화와 분위기 전환을 위해 신선우 감독의 권유와 소속팀 현대와의 합의를 거쳐 본인 스스로 상무 입대를 결정했다고 했다(원래 그는 키가 커서 당시 기준으로 공익근무 요원 판정을 받았다).

　내게 유독 이 선수가 눈에 띄었고, 데려다 키워보고 싶은 마음이 들었다. 정훈종은 무려 205cm나 되는 큰 신장이 매력적이었지만, 소속팀에서 별 활약을 보여주지 못했다.

　당시 상무에는 현주엽과 윤영필, 김택훈 등 좋은 골밑 자원이 많았지만, 출전시간을 어느 정도 보장해줘 보기로 했다. 그리고 틈틈이 그와의 대화에 시간을 할애했다. 원래도 그럭저럭 괜찮았던 미들 슛의 장점을 높게 사며 자신감을 가지라고 조언했다.

　입대 후 일 년 동안 정훈종은 기대했던 것보다 훨씬 더 많이 성장했다. 코트에 들어가 있는 시간이 늘어나며 자신

상무 입대 후 크게 성장했던 정훈종(오른쪽)

감을 느끼게 된 그는 점점 활동범위가 넓어지더니 골밑에서도 제법 존재감을 보여줬다. 스스로 체중을 불리고 전보다 더 과감한 몸싸움을 펼쳤으며, 높이를 이용한 플레이 요령도 만들어가기 시작했다.

결국, 정훈종은 2002년 상무가 농구대잔치에서 18년 만에 첫 우승을 차지하는 데 크게 한몫했다. 전역 후 소속팀에 복귀해서도 한동안 벤치의 핵심 멤버로 활약하며 또 한 번의 우승을 경험할 수 있었다.

지금 시점에서 생각해보면, 내가 그에게 뭔가 비장의 기술을 가르쳤거나 특별한 대우를 해줬던 적은 없었던 것 같다. 그저 변화의 계기를 찾고 자신 있게 플레이할 수 있도록 칭찬과 다독임을 아끼지 않았을 뿐이다. 하지만 정훈종은 그 과정에서 스스로 한 단계 더 올라서는 방법을 찾아냈다. 내게도 선수에게 동기부여가 얼마나 중요한 것인지 새삼 깨달은 좋은 경험이 됐다.

최진수는 지난 시즌 막바지에 상무에서 전역하고 팀에 늦게 합류했다. 그런데 이미 팀에는 문태종과 허일영, 이승현에 김동욱과 장재석까지 버티고 있어서 치고 들어갈 틈이 별로 없었다. 입대 전까지는 나름 팀에서 중요한 위치에 있었던 그였기에 제대 후 의욕은 충만했지만, 2015-16시즌 플레이오프가 시작될 즈음에는 사기가 많이 꺾여 있었다.

나는 최진수를 어떻게든 요긴하게 활용하고 싶었다. 아직 젊은 선수고, 오리온스의 차세대 주축으로 오랜 기간 팀에 공헌할 수 있는 잠재력을 가졌기 때문이다. 그리고 군대에 다녀온 직후에 빠르게 자기 자리를 잡지 못하면, 이후 경력이 꼬이거나 잘 안 풀릴 수도 있다. 그런 관점에서 2016년 포스트시즌은 그의 농구 인생에 중요한 시기였다.

6강 플레이오프가 시작되기 전 나는 최진수를 따로 불러 그에 대한 생각을 있는 그대로 말했다. 그러면서 조심스럽게 제안 한 가지를 꺼내놓았다. 바로 상대의 주요 공격 옵션을 전담 마크하는 수비 스페셜리스트의 역할이었다.

알다시피 포스트시즌은 이틀에 한 경기씩 계속 치르는 힘든 일정이 되풀이된다. 체력적 부담을 어떻게 배분하냐의 문제는 점점 더 중요한 전략적 이슈가 된다. 게다가 최진수는 제대한 지 얼마 되지 않아 체력도 좋은 편이었고, 정규시즌의 피로감도 동료에 비해 덜한 편이었다. 결정적으로 그는 가드부터 센터까지 어떤 포지션을 상대로도 수비할 수 있다는 강점을 지니고 있었다.

마지막 고민사항 한 가지가 있었다면, 본인이 이 제안을 어떻게 받아들이느냐였다. 원래 최진수는 공격 성향이 짙은 선수기도 하거니와, 본인에게 익숙하지 않은 제한된 특수 임무에 만족하지 못하거나 잘 해내지 못한다면 더 큰 실망과 타격이 될 수도 있기 때문이었다(상황이야 똑같을 수 없지만, 그는 상무에서 공격의 핵심 옵션으로 뛰다 돌아왔다).

최진수는 내 제안에 쉽게 동의했다. 오히려 감독인 내게 어떤 역할이든 맡겨만 주면 최선을 다하겠다고 말했다. 최진수는 '좋은 선수가 되려면 위기의 순간에 팀에 필요한 역할을 나서서 맡아줄 줄도 알아야 한다'는 내 이야기에 매우 공감하는 듯했다. 본인도 팀에 확실히 공헌할 계기와 역할을 기대하고 있었다. 프로에 복귀한 자신의 달라진 모습을 어필하고 싶은 마음도 강렬해 보였다.

6강 플레이오프부터 그의 적극적인 수비 활약은 두드러졌다. 신장이 좋은 동부를 상대로 강하게 부딪히며 우리 팀이 높이에서 밀리지 않고 경기의 주도권을 잡아갈 수 있게 궂은일을 마다치 않았다.

그의 활약은 4강전이었던 울산 모비스와의 대결에서 특히 더 빛났다. 6강 시리즈에서 얻은 자신감을 발판 삼아 이번에는 양동근을 수비하게 했다. 양동근은 모비스에서 가장 경계해야 할 선수 중 하나였기 때문에 최진수의 전담 수비는 일종의 히든카드였다. 스피드야 당연히 양동근이 앞서겠지만, 최진수 역시 몸놀림이 아주 민첩한 편이고 높이와 팔 길이에 농구 센스도 좋아 시도해볼 만한 작전이었다. 이는 성공적이었고, 우리는 모비스 공격의 시작점인 양동근을 봉쇄했을 뿐만 아니라 스위치와 미스매치를 활용한 수비의 성공으로 생각보다 쉽게 상대 공격을 제압할 수 있었다. 결국, 우리 팀은 3연승으로 4시즌 연속 우승을 노리는 결코 쉽지 않은 상대 모비스를 꺾고 챔피언결정전으로 직행할 수 있었다.

챔피언결정전 시리즈에서도 최진수는 알토란 같은 활약을 펼치며 팀 공헌도로 쌓았고, 수훈선수 중 한 명으로

코트에서 매치업으로 만났던 모비스의 양동근(왼쪽)과 최진수

당당하게 우승 트로피를 들어 올릴 수 있었다. 포스트시즌 내내 팀에 중요한 역할을 해냈다는 성취감으로 그는 그간 축 늘어졌던 어깨를 다시 펴고 더욱 자신감에 차게 됐다. 그리고 지금은 더 열심히 몸을 만들고 공수 모두에서 좋은 감각을 유지하기 위해 노력하고 있다. 앞으로 맞을 새 시즌에 더 동기부여가 된 최진수의 모습을 기대한다. 그리고 그의 성장은 곧 우리 팀의 성장으로 이어질 거라고 확신한다.

이처럼 선수 개인의 동기부여는 — 누구에게나 중요한 사항이지만 — 프로선수에게 특히 더 필수적으로 요구되는 항목이다. 물론 이미 프로 세계에 발을 담근 선수라면 꽤 오랫동안 스스로 동기부여를 했고, 코치를 비롯한 여러 사람에게 일정 수준 이상의 동기부여를 받았다는 의미긴 하다. 그래도 프로라면 스스로 자신에게 동기를 유발하는 데 어려움을 느껴선 안 된다.

코치도 마찬가지다. 팀 성적이 좋을 때는 선수들에게 동기부여를 하기가 사실 그리 어렵지 않다. 하지만 바닥을 향해 가는 성적이나 최악의 상황을 맞게 되더라도 코치는 선수들에게 동기부여를 할 수 있는 창의적 생각을 준비해야 한다. 예를 들면 연습시간을 평소보다 단축하거나, 반대로 더 길게 가져가거나, 선수들과 진지하게 팀미팅을 하거나, 혹은 일절 대화를 삼가거나 하는 방법 등이다. 심지어 누가 봐도 실패한 시즌이라 해서 그냥 방관해선 안 된다. 선수들에게 새로운 출발의식을 심어주기 위해 오히려 동기부여가 더 필요하기도 하다. 그것이 일반적이지 않은 비정상적인 행동이 될지도 모르겠지만 말이다.

코치 생활에서 가장 어려운 부분 중 하나가 그 선수를 언제 강하게 밀어붙이고, 언제 부드럽게 대해줘야 할지 파악하는 것이다. 프로나 대학팀을 맡았다고 해서 선수들이 이제 다 큰 성인이겠거니 하고 방관하거나 많이 신경 쓸 필요 없다고 생각하는 것은 절대 금물이다. 쫓아다니며 뒤치다꺼리를 해줄 것까지야 없겠지만, 때때로 격려해주고 이해해주고 존중해주는 코치의 행동은 선수들의 성별과 나이가 어떻든 중요한 사항이다. NBA를 지배했던 위대한 감독들도 이런 역할을 잘하는 사람이 많았다. 선수들 역시 다른 사람과 마찬가지로 감수성이 예민하다는 점을 놓치지 않는 것이다.

경기할 때도 어떤 양상과 결과가 펼쳐지든 코치는 항상 선수들에게 각별하게 신경 써야 한다. 어떤 선수에게 휴식이 필요한지, 또는 어떤 선수에게 어깨동무를 해주면서 "괜찮아. 오늘 잘했어."라고 위로해줘야 할지 파악할 줄 알아야 한다. 일부 특정 선수들은 중요한 큰 경기를 앞두고 쏟아지는 언론의 조명 때문에 경기력에 문제가 생기기도 한다. 그런 외부 변수도 놓치지 말고 염두에 두자.

팀 전체에 동기를 유발하기

팀에 동기를 부여하는 일은 선수 개인에게 하는 동기부여와 또 다른 이야기다. 팀 전체에 동기를 부여하고 이끌어간다는 것은 선수 전원의 열정과 에너지를 모두 한꺼번에 고취된 상태로 만들어야 한다는 의미다. 상당히 어려운 숙제다. 팀이 어려운 지경에 처해 있다면 더욱 어려운 숙제가 된다. 많은 감독이 이런 시련을 극복해내지 못하고 결국 옷을 벗는다. 선수들이 최상의 경기력을 발휘하도록 팀 전체에 동기를 유발할 수 없다는 것은 감독 자신을 위한 동기부여에도 치명적인 일이기 때문이다.

팀의 동기부여를 위해 먼저 해결해야 할 일은 선수단 전체, 그리고 선수 간의 단결력 다지기다. 그러려면 모든 선수가 자신의 직업을 사랑해야 하며, 팀에 보탬이 되고 서로 자극제가 되도록 노력해야 한다. 자기 일을 사랑하는 사람은 언제나 최선을 다해 일하고, 매일 하는 일을 의무적이라고 느끼지 않는다. 최고의 팀은 보통 이런 사실을 정확히 이해하고 적절히 적용해서 원하는 목표 수준을 성취하는 팀이다.

이왕 이야기가 나온 김에 이런 질문을 한 번 해보자. 강한 팀과 약한 팀의 차이점은 무엇인가? 여러 가지 답이 나오겠지만, 개인적으로는 선수들의 재능과 능력의 차이 못지않게 마인드와 팀워크에서도 큰 차이가 나타난다고 확신한다. 몇몇 스타 플레이어에게만 관심을 기울이고 그들 위주로 팀을 관리하는 코치는 실패할 확률이 높을 수밖에 없다(선수들을 공평하게 대우하고 한 명 한 명마다 관심을 가져야 하는 이유는 이미 제2장에서 충분히 설명했다).

이와 반대로, 동기부여에 뛰어난 코치들을 살펴보자. 농구를 사랑하고 입과 보디랭귀지를 통해 집중력을 발산하는 코치는 대개 동기부여에 능하다. 그런 코치는 감독으로서 좋은 성적과 성공을 거둘 확률이 높다.

그런 대표적인 감독이 바로 필 잭슨이다. 시카고 불스와 LA 레이커스에서 무려 11번의 NBA 파이널 우승이란 대업을 달성했던 그는 매우 현명하고 창의적인 동기부여의 대가다. 예를 들어 하루나 이틀 정도만 팀 연습에서 수비 콜 플레이가 부족하다고 판단하면, 바로 다음 연습에 아무도 말하지 말고 뛰라고 주문한다. 또 다른 사례로 연습 중에 선수들의 패스워크가 마음에 들지 않자 체육관 불을 꺼버린 적도 있다. 어두운 체육관에서 훈련하게 한 것이다.

함께 상상해보자. 선수들은 '감독이 왜 저러나?'라고 생각하며 당황하지만, 감독은 아무 설명도 해주지 않는 상황을 말이다. 감이 잡히는가?

물론 이는 선수들이 알아서 이해하기를 기대하는 일종의 전략이다. 연습에 충분할 만큼 밝았을 때 패스에 별 신경을 쓰지 않았던

동기부여의 대가이자 우승청부사 필 잭슨 감독(오른쪽)

선수들은 막상 불이 꺼지고 잘 안 보이는 가운데 정확하게 패스하려 하면서 감독이 왜 불을 껐는지 스스로 알아차리게 된다. 마찬가지로 대화 없는 디펜스가 얼마나 불편한지를 체험하게 해서 콜의 중요함을 다시 한 번 일깨워주는 계기를 만들었다고 할 수 있다.

필 잭슨은 선수들이 스스로 성장하기를 바라는 감독이다. 타임아웃을 부르거나 연습을 중단하고 나서 불같이 화를 내며 펄쩍펄쩍 뛰는 스타일이 아니다. 그렇게 일일이 지적하다 보면 선수들이 스스로 발전하는 힘을 잃을 수 있다는 자신만의 코칭 철학을 가졌기 때문이다. 경기에서도 그는 종종 작전타임을 '이 상황에서 어떻게 하면 좋을까?'라고 질문을 던지는 시간으로 활용하곤 했다. 한두 명의 에이스에게만 묻는 게 아니라, 선수 전원에게 말이다.

여기서 우리가 배워야 할 점은 필 잭슨의 독특한 방식을 그대로 베껴서 써먹자는 것이 아니다. 그가 팀에서 발생 가능한 문제를 얼마나 빨리 찾아내고, 적절한 대안을 얼마나 잘 준비했는지가 핵심 사항이다. 그의 방식은 목적이 뚜렷했고, 의도를 이해하기가 매우 쉬웠다. 선수 개개인뿐만 아니라 하나의 팀으로 더 성장하기 위해 무엇이 필요한지 잘 알고 있었다는 의미다. 그리고 많은 전문가가 필 잭슨을 유능한 감독으로 평가하는 이유도 된다.

강한 팀을 만들 줄 아는 유능한 감독이 되고 싶다고? 그렇다면 모든 선수가 '나는 과연 우리 팀을 위해 무엇을 할 수 있는가?'를 고민하게 하는 것부터 시작하자. 예를 들어 팀의 수비 전문 선수가 자신의 역할을 받아들이지 못하거나 탐탁지 않게 생각한다면, 이는 코치가 해결해야 할 숙제다. 그 역할이 꼭 필요한 이유와 그 가치에 관해 설명하고, 정확히 이해하고 받아들이도록 도와야 한다. 용기를 북돋워 주고 출장 기회를 부여하는 것도 한 해결책이 된다.

여기서 명심해야 할 점은 그 선수에게 현재 상황을 정직하게 이야기해주고, 맡아야 할 역할이 전혀 가볍지 않음을 인지하게 해야 한다는 것이다. 어떤 부분에서 어떤 방식으로 팀에 기여하고 있는지를 명확히 알려줘야 한다. 예를 들면 다음과 같이 말이다.

"네가 우리 팀 백업 센터 역할을 맡아줘야 해. 네 기대만큼 출장 시간이 많지 않고 볼을 만질 기회도 적을 수 있지만, 정말 중요한 자리야. 주전 한 명이 풀 타임을 뛰는 것보다는 두 명이 번갈아 뛰는 것이 체력 안배나 파울 관리 면에서 훨씬 더 효과적이거든. 어떤 코치든 팀에 항상 좋은 백업 센터를 두고 싶어 하는 것은 정말 중요하기 때문이야. 그리고 그게 네 역할이 되는 것이고."

미국 프로미식축구리그(이하 NFL)에서 전설의 명감독으로 추앙받을 뿐만 아니라 농구선수 및 코치 경력도 지닌 빈스 롬바르디(Vince Lombardi) 감독은 다음과 같이 말했다(심지어 NFL의 챔피언결정전이라 할 수 있는 슈퍼볼의 우승 트로피 이름이 빈스 롬바르디 트로피다).

"팀에는 다른 사람을 배려할 줄 모르거나 경험이 부족한 선수가 꼭 있기 마련이다. 그래서 나는 항상 그런 선수들과 시간을 보내려 노력했다."

중요한 교훈이 담긴 이야기다. 후보 선수라 해도 주전과 동등하게 대해주고, 그들도 실제로도 정말 필요한 선수임을 자각하게 해주자. 그런 선수들은 반드시 연습에 열심히 참여하고 실전에서도 어떤 형태로든 알토란 같은 활약을 펼쳐 코치에게 보답한다.

일 년 내내 숙소 생활을 하는 우리나라 농구팀 현실에서는 팀 전체의 동기부여가 너무나 중요하다. 숙식을 같이하는 와중에 자칫 부정적 방향으로 분위기가 흐르거나 연패를 거듭하면 다시 원상태로 되돌리기 힘들 정도로 걷잡을 수 없어지기도 한다. 그래서 나 역시 항상 밝고 긍정적인 팀 분위기를 유지하는 것을 아주 중요하게 생각한다.

때로는 먼저 나서서 선수들과 축구나 족구 같은 활동적인 레크리에이션을 유도하기도 하고(물론 다치지 않을 정도로 가볍게 한다.), 시즌 때는 단체로 영화를 관람한다든지, 감동적인 영상물을 본다든지 한다. 선수들과 직접 대화를 할 때도 있지만, 이렇게 기분을 전환할 수 있는 활동 역시 팀 전체에게 재충전의 시간을 주고, 동기부여에도 효과가 있다.

동기부여로부터 얻는 교훈

한 선배 코치가 내게 다음과 같은 조언을 해준 적 있다.

"농구경기와 네 선수들이 심장을 두근거리게 한다면, 코치 생활을 계속해야지. 하지만 그렇게 흥분되는 느낌이 더는 생기지 않는다 싶으면, 코치직을 내려놓을 때가 왔다는 의미야."

농구코치는 팀 전체에 농구에 대한 사랑을 불어넣을 수 있는 사람이어야 한다. 또한 선수들이 코트에 선 첫날부터 시즌이 끝날 때까지 코치의 열정을 느낄 수 있도록 해야 한다. 코치가 농구에 대한 사랑과 열정을 잃는다면, 머지않아 – 자의든 타의든 – 자신의 팀을 잃어버리게 되는 것은 피할 수 없는 흐름이다.

여기서 하고 싶은 말은 '코치 자신에게도 동기부여가 꼭 필요하다는 것'이다. 누군가는 자신의 선수들과 팀에 동기부여를 하기 위해 고민하고 공부하고 동기부여에 관해 언급한 수많은 책을 찾아보다가 이 책에까지 도달했을 수도 있다. 그런 노력에 찬사를 보내고 싶다. 하지만 코치 자신도 마찬가지로 팀의 일원이며, 지속적인 동기부여가 필요한 존재임을 알아야 한다.

감독이나 코치가 매일 코트에서 흐리멍덩한 표정으로 선수들을 지도하거나 팀의 성적이나 스케줄 때문에 지쳐가는 모습을 그대로 드러낸다면, 선수들과 팀에 어떤 악영향을 끼칠까? 머릿속에 떠오르는 모든 나쁜 상상이 그대로 현실로 드러난다고만 해두자.

자신에게 스스로 질문해보자. 코치인 내게 동기부여가 되는 요소에는 무엇이 있는가? 그에 대해 자신 있게 대답할 수 있는가? 보여줄 수 있는가? 표현할 수 있는가?

작전타임은 동기부여의 시간이다

생각의 전환이 필요하다. 동기부여는 경기장 밖이나 경기하지 않을 때만 해야 하는 일이 아니다. 가장 동기부여가 필요할 때는 당연히 경기하는 동안이다. 그리고 그중에서도 가장 결정적인 시간 중 하나가 작전타임이다. 작전타임을 단순히 작전 지시를 내릴 기회로만 생각하지 말고, 동기부여를 할 기회로도 여기자는 이야기다.

작전타임은 짧으므로 '리바운드에 신경 써. 리바운드가 필요해. 더 잡아야 돼.' 등과 같이 항상 간결하고 핵심만 지적해주는 식의 화법이 필요하다. 최대한 단순하게 지시하고, 부정적 표현은 삼간다. 감독이 원하는 바가 무엇인지 정확하게 이해하고 무엇을 해야 하는지 아는 것이 제일 중요하기 때문이다. 무엇보다도 선수들이 타임아웃 이후에 더 혼란스러워져서는 안 된다.

이렇게 작전타임에는 간략한 의사소통이 필요하기도 하지만, 이와 동시에 선수 각자에게 자신감을 심어주려는 노력도 필요하다. 선수들은 지쳐가고, 수많은 관중 앞에서 극도의 긴장감과 시끄러운 음악과 함성 속에 있다 보면 집중력도 떨어지고, 자신의 역할에 대한 책임감과 수행능력도 떨어진다(때로는 아무 생각 없어지기도 하는 듯하다). 선수를 잘 파악하는 코치라면, 이런 상황에서 어떤 선수에게 어떤 이야기를 해줘야 자신의 역할을 잘 수행해낼 수 있을지 잘 알 것이다. 그 선수가 자신을 믿고 플레이할 수 있도록 건네줄 '한 마디'에는 무엇이 있을지 고민해보자.

어떤 감독은 필 잭슨처럼 타임아웃을 불러놓고 한참 후에 벤치로 들어오기도 한다. 이때는 선수들끼리 서로 의견을 주고받고 문제점을 지적하기도 한다. 이는 선수들에게 '스스로 문제에 대해 고민하라'는 동기부여의 한 방법이 될 수도 있다.

감독만이 항상 문제에 대한 해답을 줄 수 있는 것은 아니다. 그리고 선수들이 그것에만 너무 매달리게 해서도 안 된다. 잘못하면 선수들이 생각하려 하지 않을 수도 있다. 코트 위에서 생기는 문제의 해결을 벤치에만 의존하려는 것은 대개 약한 팀에서 공통으로 나타나는 좋지 않은 현상이다. 때로는 선수들이 서로 문제를 해결하려 노력해야 할 때도 있다. 코트에서 알아서 문제점을 발견하고 해결하는 것이다.

선수들이 경기에 집중하다 보면 가끔 문제 해결을 위한 대안을 역으로 감독에게 제시할 때도 있다. 성격적으로 그런 접근법을 좋아하는 사람도 있겠지만, 중요한 점은 문제의 정답이 이미 선수들의 머릿속에 있을 수도 있다는 사실을 자각하는 것이다. 그런 관점에서 코치는 뭔가 정답이 나올 것 같은 선수의 입을 막아선 안 된다고 생각한다. 적어도 꼭 하고 싶은 이야기가 있는 선수의 말을 들어줄 수 있는 분위기를 감독이 만들어야 하지 않을까 싶다. 그리고 그런 분위기가 오히려 선수들이 경기에 더 집중하고 주체적으로 플레이하는 계기가 될 수도 있다.

선수교체 역시 동기부여의 일환이다. 명예의 전당에 헌액된 전설적인 감독 헨리 아이바(Henry Iba)는 다음과 같이 이야기했다. 그는 오클라호마 주립대학(Oklahoma State University)을 36년간 이끌며 통산 750승을 거뒀고, 미국 국가대표팀 감독으로 금메달 두 개를 따낸 명감독이다.

"내가 감독으로서 벤치에서 사용하는 기본법칙이 하나 있다. 절대로 뒤에서 이야기하지 않고, 선수 앞에서 직설적으로 말하자는 것이다. 즉, '네가 만약 제대로 못 하면 교체하겠다.'라고 말이다."

사실 내가 아는 모든 감독은 교체를 선수들의 동기부여에 적극적으로 활용한다. 경기에서 빼버리는 행위는 아주 확실한 의사전달 방법이기 때문이다. 농구경기에서는 선수 각자가 뛰고 싶은 만큼 코트에 다 내보낼 수 없다(유일한 방법은 축구나 럭비로 종목을 바꾸는 것뿐이다). 따라서 열심히 뛰지 않거나 기본적인 부분에서 자꾸 실수를 범하는 선수를 교체하고, 그에게 '앉아서 다시 준비해. 집중하고 있으면 기회를 다시 줄 테니까.'라고 말하는 것은 아무런 문제가 되지 않는다.

투쟁심이 강한 선수일수록 선수교체는 오히려 더 훌륭한 자극제가 된다. 누가 뭐라 말해주지 않아도 코트에 다시 나가겠다는 의지의 크기와 벤치에 앉아있는 시간의 길이만큼 동기가 강하게 유발되기 때문이다. 경기 중에 한껏 격양됐던 감정을 차분히 자리에 앉아서 좀 더 논리적이고 전략적으로 해소할 줄 아는 선수라면 더욱 효과적일 것이다.

물소의 사고방식과 거위의 사고방식

이번에는 리더십 이야기를 해보자. 어떤 코치든 팀을 새로 맡게 되면 그 팀에 자신만의 색깔을 입히고 싶어 한다. 쉽게 말해서 플레이 방식이나 전략 및 전술, 선수 운용 및 공격과 수비에서의 규칙 등을 코치가 원하는 형태로 정하고 그것을 따르게 한다는 의미다. 우리는 보통 이를 '팀 컬러'라고 표현한다. 미국 코치들은 대체로 '코칭 스타일'이라고 부르거나 '코칭 철학'에 포함해서 말하는 걸 더 좋아하는 듯하다. 훈련과 전술 등을 지도(교육)하는 과정에 더 가까운 표현이지만, '프로그램'이란 용어도 자주 사용된다.

뭐라 부르건 간에 팀을 이끌어가야 하는 코치의 입장에서 리더십은 어떤 형태로든 필요하다. 조직 운영 관점에서 봐도 구성원 전체가 지켜야 할 공통원칙을 정해놓는 건 매우 중요한 일이다. 이는 꼭 운동조직에만 해당하는 원리가 아니다. 기업이나 학교, 크게는 국가 행정에서도 어떤 식으로든 고유한 컬러 내지 스타일이 존재한다.

먼저 현 켄터키 대학(Kentucky University) 감독 존 칼리파리(John Calipari)가 매사추세츠 대학(University of Massachusetts, 이하 UMass) 감독 시절에 했던 이야기를 소개한다. 그는 리더십과 통솔력, 그리고 선수를 적재적소에 골고루 활용하는 능력 등을 높이 평가받는 또 하나의 명감독이다.

"나는 항상 우리 UMass의 주전 다섯 명이 코트 위에 있고, 벤치에는 언제나 승리와 실력 향상에 불타는 듯한 욕망을 보이는 선수 8~9명이 도사리고 있는 장면을 떠올린다. 모두가 게임에 흥미를 보일 뿐만 아니라 농구를 자신들의 발전을 위한 한 부분으로 보고 있는 모습 말이다."

칼리파리는 개인적인 욕심보다 팀의 성공을 더욱더 중요하게 생각하는 사심 없는 선수가 되라고 강조하는 코치다. '팀이 승리해야 모든 선수가 명성과 영예를 얻을 수 있다. 경기 평균 20득점을 올리는 선수를 데리고 있어는 봤지만, 유명한 선수 위주로 경기를 운영하는 스타 시스템(Star System)을 사용해본 적은 전혀 없다. 모든 멤버를 공격과 팀 성공의 한 부분이라고 믿는 것이 내 방식이다.'라고 그는 역설한다.

물론 어떤 농구 프로그램은 한 마리의 물소(즉, 가장 득점력이 좋은 선수)가 다수의 무리를 이끄는 '물소의 사고방식(Buffalo Mentality)'을 추구한다. 선두에 선 물소가 다른 물소들이 푸른 목초를 뜯어 먹을 수 있도록, 혹은 낭떠러지에 떨어지지 않도록 인도하는 방식이다. 칼리파리 감독은 이를 '높이 솟아오른 조수가 배를 높이 들어 올리는' 원리에 비유한 적 있다.

이런 방식은 선두에 서는 물소의 역할이 매우 중요하다. 이 물소가 광활한 초원으로 잘 찾아간다면, 모든 무리가 배불리 잘 먹을 수 있을 것이다. 반면, 낭떠러지로 점프한다면…… 굳이 더 언급하지 않아도 그 결과를 충분히 알 수 있을 것이다.

칼리파리 감독은 '거위의 사고방식(Geese Mentality)'을 신뢰하는 코치다. 무리가 하나의 대형을 편성하여 하늘을 나는 방식이다. 물소 무리와 달리 먼저 선두에 섰던 한 거위가 지쳐 대형에서 떨어져 나가려 할 때, 다른 거위가 대신 선두에 나서서 대형을 이끈다. 칼리파리 감독은 이런 팀 컬러를 기반으로 UMass의 성공을 견인했고, 켄터키 대학으로 옮겨와서도 꾸준히 훌륭한 성적을 내며 팀을 NCAA 최강 중 하나로 만들었다.

두 방식 중 어느 하나만 옳고 다른 하나는 그르다고 할 순 없다. 어떤 방식이 더 우월하다고 증명된 적도 없으며, 성공적인 팀이 되기 위한 조건에는 여러 변수가 작용하기 때문이다. 농구계에서는 전통적으로 팀의 에이스를 중심으로 경기를 풀어가는 물소의 방식이 통용되는 편이었다. 하지만 적어도 최근에는 거위의 방식에 호응하는 코치가 많이 늘어나는 듯하다.

개인적으로도 거위의 방식을 선호하고, 또 많이 이용하는 편이다(언론매체나 인터넷에서는 이런 내 스타일을 다른 단어를 사용해서 정의하는 것 같다). 나는 매년 시즌 첫 경기에 돌입하기 전에 선수 전원이 둘러앉아 각자의 역할에 관해 이야기하는 시간을 갖는다. 그 자리에서 이번 시즌 우리 팀에서 각자에게 요구하는 사항이 무엇인지, 어느 위치에서 슛을 던져야 하는지, 어느 포지션에 있어야 하는지 등을 직접 이야기하며 정리한다. 이렇게 한 번 짚고 넘어가는 시간이 선수 개인에게 자신과 동료의 강점을 살려주고 약점을 덮어주는 역할을 스스로 정의할 기회가 된다고 확신하기 때문이다.

또 하나의 이유는 선수들의 역할이 시즌마다 달라질 수 있어서다. 심지어 시즌 중에도 직전까지 가장 좋았던 선수가 갑자기 난조를 보이면 그 경기에서 모든 선수의 역할이 바뀌게 된다. 파울이나 부상 때문에 바뀔 수도 있다. 평소 많은 시간 코트에 들어가지 않았던 선수가 더 뛰기도 하고, 슛을 비교적 적게 던졌던 선수가 더 많은 슈팅과 득점을 책임져줘야 할 때도 있다. 팀이 선수 개인마다 기대하는 바를 미리 명확히 해두면, 이런 상황에서 서로의 역할을 재조정하기도 수월하고 책임감을 부여하기도 쉽다.

이렇게 함으로써 생기는 새로운 기회와 작은 성공은 선수들에게 큰 동기부여가 된다. 자신의 능력을 향상하기 위해 꾸준히 노력하는 계기가 되기도 한다(그리고 감독의 입장에선 적극적인 태도로 연습에 성실히 임하는 선수에게 더 중요한 역할을 맡기고 싶어지기 마련이다). 그 과정에서 그간 숨겨져 있던 잠재력을 발견하기도 한다.

코치로서 어떤 방식을 택할 것인지는 각자의 성향과 철학에 따라 달라질 수 있다. 하지만 이는 단순한 '선택의 문제'가 아니라, 자신의 팀을 성공이란 목표로 데려가는데 '효과적인가의 문제'임을 명심하자. 그 목표가 풍족한 초원이든 따뜻한 남쪽 나라든, 혹은 우승 트로피를 들어 올리는 시상식장이든 간에 말이다.

어시스턴트 코치와의 협력

감독으로서 어시스턴트 코치를 고용할 때 '예스맨'은 뽑지 말자.

물론 감독에게 충성(royal)해야겠지만, 스태프의 일원들 역시 각기 다른 경험과 다른 개인적 목표를 가지고 있기 마련이다. 감독이 항상 생각할 수 있게 해주는 코치여야 서로 도움이 된다.

필 잭슨은 모든 코치의 견해를 듣는다. 경기 중에 타임아웃을 불렀을 때, 그는 어시스턴트 코치들이 선수들에게 이야기할 수 있도록 항상 멀찌감치 걸어갔다가 돌아오곤 한다. 경기 내내 코치들에게 선수교체나 경기상황에 관해 의견을 물어보고 조언을 구한다. 의사결정은 그다음이다.

프로팀 감독이 된 이후부터 나는 1년에 최소 한 번 이상 미국으로 스카우트 여행을 간다. 그러다 보니 자연스레 현지에서 경기를 관람할 기회도 많이 생겼다. 관심 가는 선수들의 플레이도 열심히 관찰하지만, 아무래도 직업이 직업이다 보니 벤치의 움직임에 눈길이 가지 않을 수 없게 된다.

그들의 벤치를 유심히 지켜보면서 나는 미국의 농구감독 대부분이 코치들과 틈나는 대로 심각하게 진지한 대화를 나눈다는 사실을 발견했다. 심지어 작전타임 때도 어시스턴트 코치들과 긴밀하게 대화하는 모습을 볼 수 있었다.

지금은 조지아 대학(University of Georgia) 농구팀 운영부장으로 재직 중인 켄트 데이비슨(Kent Davison)을 만났을 때, 나는 이 코칭 스태프의 경기 중 대화에 관해 물어봤다. 당시 데이비슨은 NBA의 마이너리그 격인 디-리그(D-League, NBA Development League) 감독을 맡아보고 있었다. 그가 들려준 대답은 다음과 같은 내용이었다.

"때때로 헤드코치(감독)가 경기를 냉정하게 보지 못하게 될 수 있다. 많은 상황을 한꺼번에 파악할 수 없을 때도 종종 생긴다. 그래서 타임아웃을 부르고 나서 어시스턴트 코치들의 조언을 먼저 들어보는 것이다. 헤드코치는 대개 어시스턴트 코치들에게 각자 파트를 분담해서 경기를 보게 하고 빠른 시간에 의견을 말하도록 주문한다. 그리고 그 의견들을 종합해서 의사결정을 하고 선수들에게 적절한 작전을 지시하는 것이다."

데이비슨은 자신도 이런 시스템을 활용한다고 덧붙였다. 그 이야기를 듣고 나니, 미국 대학팀이나 NBA에서 젊은 헤드코치와 경험 많은 어시스턴트 코치들로 코칭스태프를 구성하는 팀이 많아 보였던 이유를 이해할 수 있었다.

작전타임 중에도 계속 의견을 교환하는 오리온스 코치진

프로에서 감독 생활을 오래 한 덕분에 나는 코치들과 협업하는 시스템에 꽤 익숙해져 있다. 현재는 세 명의 코치와 팀을 운영하고 있고, 경기 중에는 내가 점검하지 못할 수 있는 부분에 집중하도록 각자 임무를 맡기곤 한다. 어느 코치는 수비를 집중해서 보고, 어떤 코치는 공격 부분을 집중해서, 어느 코치는 특정 선수의 플레이를…… 이렇게 세분화해서 경기를 보게 하고, 작전타임에는 짧게 그들의 의견을 듣는다. 경기상황에 따라 특수한 전술 패턴을 준비시키거나 작전에 관한 의견을 청취하기도 한다.

코치는 감독이나 선배 코치의 심부름만 하는 존재가 아니다. 각자 전문 분야와 스타일을 발전시켜야 한다. 이는 훈련에서부터 시작되어야 한다. 빅맨 전담이나 슈터와 스윙맨 전담, 가드 담당 등으로 포지션을 분담하여 전문성을 갖는 방법이 그런 한 예다.

선수가 은퇴하고 지도자가 되면 의욕을 앞세워 지도하려는 경향이 나타나기 마련이다. 하지만 자기착각과 오류를 범하기 쉽다. 자신의 경험만을 앞세우다 보면, 원칙과 원리를 무시한 채 자기 스타일로 가르칠 수밖에 없다. 그것은 자신을 닮은 선수를 만들려는 것밖에 되지 않는다. 선수는 그 코치와 스타일, 체격, 성격, 모든 면이 다르다. 먼저 그 분야를 배우고 가르쳐야 한다.

코치는 스스로 경쟁력을 가진 자신을 만들어야 한다. 농구가 프로화가 되면서 종사하는 모든 인력은 전문화가 불가피해졌다. 코치도 예외일 수 없다. 자신의 색깔을 만들고 경쟁력을 갖추면, 자연스럽게 어느 팀에서라도 탐낼 코치가 될 수 있다.

훈련을 위해
훈련해야 할 것들

이제 조금 더 실전 코칭에 가까운 이야기를 해보자. 대신, 당장 체육관에서 써먹을 수 있는 체력 훈련이나 전술 훈련에 관한 팁을 얻기 위해 이 책을 펼쳐 든 사람에게 미안하지만, 조금만 더 기다려 주기 바란다. 그보다 중요한 점 하나를 더 짚고 가기 위해서다. 바로 '계획 세우기'다.

이미 농구가 아닌 다른 분야, 학교나 직장 등에서 계획 세우기의 중요성에 관해 수없이 많이 들었고, 실제로 실행에 옮긴 적도 많았으리라 생각한다. 농구도 마찬가지다. 제대로 훈련하기 위해 가장 먼저 시작해야 할 것은 훈련 계획을 짜는 일이다. 이는 코치와 선수 모두에게 중요하다.

오랫동안 운동해온 사람은 훈련이나 기술 등을 직접 체험해가며 익혔기 때문에 굳이 컴퓨터를 켜고 문서로 만드는 과정 없이도 해야 할 것들과 그 순서가 머릿속에 잘 형상화되어 있기 마련이다. 어떤 면에서는 강의나 책을 통해 배운 내용보다 더 확실하게 학습되어 있다고도 볼 수 있다.

그러나 바로 이 부분이 아이러니임과 동시에 이 책에서 계획의 중요성을 먼저 언급하는 이유다. 코치는 언제나 훈련 일정을 새로 세우고 더 효과적인 계획을 짜기 위해 노력할 필요가 있기 때문이다. 이 책 앞부분에서 잠시 언급했지만, 스포츠는 변화한다. 룰도 바뀌고 환경도 바뀌고 전술도 바뀐다. 가르쳐야 할 선수들은 당연히 선수 시절의 코치 자신과 다른 사람들이다. 그러므로 계획은 훈련을 시작하기 전에 항상 새로 짜는 게 현명하다.

이 점은 국내 코치들이 가장 취약하다고 여겨지는 부분이 아닐까 한다. 자신의 경험대로 관성적으로 훈련을 시키다 보면 효율성이 떨어질 뿐만 아니라 선수들의 성장에도 악영향을 줄 수 있다. 스카우트부터 선수 관리, 전술 연구 등 여러 가지를 챙겨야 하는 코치의 입장에선 그냥 넘어가고 싶을지 모르겠으나, 계획 세우기에 조금 더 많은 시간을 투자하기 바란다. 이는 앞서 강조했던 '항상 공부하는 자세로 코칭하자'는 이야기와도 일맥상통한다.

일간 계획 세우기

'그냥 하루쯤이야.'라는 생각에 마음 가는 대로 이것저것 채워넣지 않는다. 훈련 순서의 구성에는 명확한 원리가 있다. 가벼운 몸풀기에서 시작해 기초 기술과 개인기술 훈련, 이후 강도를 조금 더 높여서 부분 팀 연습과 전체 팀 연습을 종합적으로 진행하는 식이다. 이를 균형 있게 배분하는 자신만의 요령을 터득하기 바란다.

가르칠 선수의 나이가 어리고 저학년일수록 개인 훈련과 기초 부분 전술에 더 많은 시간을 배분하자. 연령대가 높아지고 기량이 어느 정도 수준으로 올라왔다면 팀 전술 훈련에 많은 시간을 투자해도 좋다.

특히 국내 성인농구팀 코치들은 보통 훈련 마지막에 인터벌이 포함된 강력한 체력 훈련을 꼭 집어넣으려는 경향을 보인다(이 역시 어떤 면에서는 관성적인 훈련 계획의 한 사례라고 할 수 있다). 하지만 지금까지 미국과 유럽으로 스카우트 투어를 꾸준히 다니면서 그들의 훈련을 지켜보는 동안, 단 한 번도 그런 '막판 몰아붙이기'식 훈련이 진행되는 모습을 보지 못했다. 그보다는 빠른 공수전환이나 수비 전술 훈련 등으로 마무리할 때가 많았다. 이런 패턴이 오히려 선수들에게 흥미를 더 유발하는 듯했고, 체력 훈련으로도 꽤 효과적이어 보였다.

훈련 계획은 성별에 따라서도 달라질 수 있다. 예를 들면 여성은 신체적 특성상 남성보다 근지구력이 우수하다. 그래서 여자농구팀이라면 훈련시간을 조금 더 길게 늘여 잡아도 훈련의 집중도가 유지된다(이 책을 읽고 있는 여자 선수들에게는 미안하다).

어쨌든 중요한 점은 계획적으로 하자는 것이다. 하루의 훈련시간을 계획할 때 참고하면 좋을 만한 훈련 가이드를 소개한다. 다음을

참고해서 하루 두 시간 정도의 훈련시간을 소화할 수 있는 계획을
수립해보기 바란다.

1. 개인운동

개인운동 시간은 대단히 가치 있는 시간이다. 선수 각자가 자신
에게 필요한 기술을 습득하는 시간이기 때문이다. 코치는 선수 하
나하나에 개별적으로 훈련 지침을 줘야 한다. 개인별 맞춤형 연습
계획을 고민해서 만들어보자. 선수들이 개인 훈련에 열의를 보인다
면 팀 훈련시간을 줄이고 개인운동 시간을 더 배려해줘도 좋다. 선
수들의 능력에 맞춰 반복연습을 꾸준히 할 수 있게 하자.

송도고교 농구부는 이런 개인운동 시간을 잘 활용했던 대표적 사
례 중 하나다. 송도고교의 훈련은 기본기 중심의 반복적 개인 훈련
으로 널리 알려져 있다. 송도고교 졸업생들이 이구동성으로 하는 이
야기 중 하나가 자신들이 얼마나 기본기가 탄탄하고 창의적인 플레
이에 능한 선수인지 졸업 후에 깨달았다는 것이다. 실제로 송도고교
에서 좋은 테크니션이 유난히 많이 배출된 것도 엄청난 양의 개인
훈련과 밀접한 관계가 있다. 이렇게 개인운동에 공을 들일 수 있게
배려했던 故 전규삼 감독의 확고한 코칭 철학 덕분이기도 하다.

여기서 주의사항 한 가지만 확실히 짚고 가자. 선수들의 개인운
동 시간은 코치들의 커피타임이 아니다. 이 시간에는 필히 선수와
함께 있어야 한다. 선수들을 잘 살펴보면서 너무 먼 거리에서 슈팅
을 하거나 잘못된 자세로 연습하거나 불필요하게 시간을 낭비하는
선수가 있다면 즉시 지적해주자. 개인마다 지침을 주고 관심 있게

지켜본다면, 선수들은 이 시간이 얼마나 가치 있는 시간인지 더 잘 인식할 수 있을 것이다.

최근 프로농구에서는 '스킬 트레이닝' 바람이 불고 있다. 꾸준한 기술 향상 노력은 선수에게 중요한 요소 중 하나이므로 훈련 자체에 대해 뭐라 하고 싶진 않다. 하지만 앞서 언급했듯이, 기초 기술은 사실 어릴 때나 경력 초반부터 많은 훈련시간을 투자해야 할 부분이다. 가끔은 초중고 시절에 오직 경기를 뛰게 할 목적으로 팀 훈련시간을 더 많이 가지지 않았는가, 그래서 프로 레벨에서 뒤늦게 기술 훈련시간을 따로 더 내게 되지 않았는가 싶어 안타까운 생각이 들 때가 있다(스킬 트레이닝 이야기는 뒤에서 조금 더 하도록 한다). 시험을 코앞에 두고 벼락치기를 하는 듯한 느낌이 들기도 한다. 어린 선수들을 가르치는 코치들은 아무리 현실적 제약이 있다 해도 선수

최근 스킬 트레이닝은 최고의 화두다. 슈팅 기술을 지도 중인 김병철 코치

들이 기초 기술 훈련에 일정 수준 이상의 시간을 투자할 수 있도록 배려해주길 꼭 당부하고 싶다.

2. 팀 훈련과 준비운동

팀 훈련은 단순히 선수들이 수많은 기본 기술을 익히는 연습이 아니다. 기술 습득을 넘어서 그들의 근육과 반사신경을 지배하는 뇌가 기술들을 정확히 인식하고 기억하는 것까지를 의미한다.

때로는 팀 훈련을 조직적으로 진행하기 위한 초기 단계 교육에 며칠이 걸릴 수도 있다. 처음 팀 훈련을 할 때 선수들은 몇 분 동안 끊임없이 움직이면서 간단히 볼을 다루는 기술을 습득하게 된다. 처음부터 선수들이 전속력으로 움직일 필요는 없으며, 운동시간이나 기술의 복잡도 또한 점차 늘려간다.

농구에서 가장 대표적인 팀 훈련은 복합 레이업 슛 훈련이다. 말 그대로 시작 지점에서 (패스와 드리블 등의) 몇 가지 과정을 거쳐 레이업 슛 시도까지 완료하는 연습이다. 이는 팀 훈련에서 아주 좋은 준비운동이 될 수도 있다. 선수들이 연습에 더 집중할 수 있게 하는 효과도 있다. 가장 첫 순서에 배치하자. 러닝보다 먼저 해도 된다. 성인팀이라면 조깅하는 정도 수준으로 진행해도 괜찮다.

준비운동 후에는 선수들이 몸을 천천히 움직이면서 코치나 트레이너의 이야기를 듣도록 한다. 선수들이 기분 전환을 하는 동안 새로운 뭔가를 가르칠 기회의 시간을 갖자.

3. 개인기술 및 새로운 기술 훈련

어린 선수들을 가르칠 때는 모든 과정이 새로울 수밖에 없다. 매일 새로운 뭔가를 교육해야 할 수도 있고, 다음 단계나 기술로 넘어가기까지 여러 주가 걸릴 수도 있다. 이럴 때는 연습에 여러 가지를 집어넣지 말고, 개인기술을 가르치는 데 시간을 많이 할애한다.

농구에서 필수적으로 가르쳐야 할 개인기술에는 피벗과 드리블, 패스와 커팅, 그리고 볼을 위한 움직임 등이 있다. 피벗과 드리블은 볼을 갖고 하는 훈련에서 가장 우선시해야 한다. 피벗은 보통 마지막에 가르치게 되는 기술인데, 선수들이 이를 완벽하게 소화하려면

팀 훈련은 조직적으로 진행할 수 있도록 미리 준비한다.

피벗에 관한 전문적인 지식이 조금 필요하다.

드리블은 선수들이 대체로 좋아하는 기술이다. 그러므로 드리블 교육은 가능한 한 빨리 마치는 것이 좋다. 농구가 손을 사용하는 매우 활동적인 운동인 관계로 배워야 할 기술이 여러 가지고, 결국 개인이 습득해야 할 기술의 정점은 슈팅이다. 그래도 처음 배우는 학생들을 가르치는 상황이라면, 처음 몇 주 동안은 팀 훈련에 드리블 연습시간을 어느 정도 배분해줄 필요가 있다.

4. 슈팅 훈련

새롭고 어려운 훈련 뒤에 쉬운 훈련을 배치하는 방식이 일반적인 요령이다. 물론 슈팅 기술이 쉬운 기술이란 이야기는 절대 아니다. 슈팅은 연습하기 쉬워도 제대로 정확히 실시하기 쉽지 않은 오묘한 기술이다. 그래서 코치는 슈팅을 가르치는 동안 선수 가까이에서 지켜볼 필요가 있다.

슈팅은 기본자세부터 스냅에 이르기까지 각 부분과 동작에 아주 세세한 지도가 필요한 기술이다. 게다가 선수 개인마다 신체적 특성이 다 달라서 모두가 똑같은 슈팅 자세를 취할 수는 없다는 점을 염두에 둬야 한다.

물론 슈팅 시도는 항상 가슴에 볼을 받아서 하며, 신체 밸런스 유지와 부드러움을 강조하는 등의 사항은 누구에게나 해당되는 원리다. 기술이 일정 수준을 넘어서면 그다음부터는 자신감을 북돋워 주는 것도 중요하다. 자세와 감을 그대로 유지하기 위해 꾸준한 반복훈련이 함께해야 한다는 점은 굳이 길게 설명할 필요 없겠다.

드리블과 마찬가지로 슈팅은 농구의 준비운동과 훈련, 경기를 통틀어 선수들이 가장 좋아하는 기술 중 하나다. 그래서 이 역시 단기간에 교육을 마칠 수 있다. 슈팅은 짧은 거리에서 긴 거리로, 서서 하는 세트 숏에서 점프 숏 순으로 가르친다. 연습 또한 같은 순서로 진행한다.

5. 수비 훈련

수비 훈련은 가장 많은 운동량을 요구하는 훈련이다. 어려운 훈련 뒤에 곧바로 강도 높은 수비 훈련을 붙여두면 체력적으로 힘든 훈련시간이 될 수도 있다. 반면, 단순하면서도 원칙이 분명한 훈련을 진행한다면, 선수들이 배우기 쉬운 훈련이 될 수도 있다.

수비 시에 중요한 점 중 하나는 언제나 손을 사용할 수 있게 하라는 것이다. 다시 말해서 손을 바짝 올리고 있으라는 이야기다. 규칙이 허용하는 범위에서 손을 잘 활용할 수 있도록 강조하자.

여기서 유의해야 할 사항은 선수들이 정신적인 면을 중요하게 생각하도록 지도하는 것이다. 끈질기게 물고 늘어지며 공격자에게 지지 않겠다는 강한 정신자세를 갖게 한다. 몸싸움을 즐길 수 있는 마음의 여유와 빠른 움직임(풋워크)도 필요하다.

마지막으로 강조할 수비 훈련의 필수요소는 동료와의 의사소통이다. 수비할 때는 협력이 중요하다. 의사소통이 원활히 이뤄지면 최대한 조직적으로 수비할 수 있으며, 팀 수비의 약점을 보완할 수도 있기 때문이다.

6. 공수전환 훈련

공수전환은 트랜지션(transition)이라고도 한다. 공수전환은 기술이나 전략 측면에서의 훈련도 당연히 중요하지만, 팀이 조직적인 공격과 수비를 하기 위해 매우 중요하다는 사실을 선수들에게 알려주고 인지하게 할 필요도 있다. 상대의 수비 포메이션이 정돈되지 않은 상태에서 공격하거나 반대로 공격의 밸런스를 무너뜨리는 전술이기 때문이다. 다시 말해서 쉽게 득점을 올릴 기회를 만들면서 쉽게 실점을 허용하지 않는 방법이라는 의미다.

트랜지션, 즉 공수전환의 개념은 현대 농구로 오면서 그 중요성이 특히 더 높아졌다. 하지만 안타깝게도 이는 현재 국내 농구에서 가장 발전이 더디고, 전략 측면에서도 다른 나라에 비해 보완이 많이 필요한 부분이다. 실제로 이에 관한 훈련 과정을 어릴 때 전혀 접해보지 못했기 때문에 아예 그 개념 자체와 중요성을 모른다는 점이 근본적인 문제다. 성인이 되어서 뒤늦게 배우면 훈련에 더 많은 시간이 소비되고, 일찌감치 공수전환을 익혔던 선수들에 비해 뒤떨어질 수밖에 없다. 그런 면에서 앞으로 초중고 시기에 조금 더 강조해야 할 필요가 있는 훈련이라 하겠다.

7. 레이업 슛 훈련

팀 연습의 후반부, 거의 끝부분에 레이업 슛 연습시간을 배치하자. 선수들이 연속해서 레이업 슛을 시도할 때 큰 소리로 슈팅 횟수를 세게 한다. 코트의 왼쪽과 오른쪽 측면, 가운데에서 각각 필요한 수만큼 슈팅을 실시하고 연습을 마치도록 한다. 이런 연습 방법은 집중력을 높여줄 수 있다. 경기 중에 간혹 쉬운 레이업 슛을 놓칠 때가 있는데, 사실 이는 기술 문제라기보다는 집중력 문제일 공산이 크다. 아무리 쉬운 슈팅을 시도한다 해도 선수가 집중력이 떨어지는 일이 없도록 하자.

레이업 슛은 농구에서 가장 기본적인 슈팅 방법이다. 하지만 이 슈팅 기술의 중요성을 정확히 인식하지 못하거나 가볍게 생각하는 사람이 뜻밖에도 꽤 많다. 하지만 실전 경기에서 가장 성공 확률이 높은 슈팅이기도 하거니와(덩크 슛을 생각하기 쉬운데, 이는 모든 선수가 다 경기 중에 아무 제약 없이 구사할 수 있는 슈팅이 아니다.), 공격자가 상대의 블록 슛을 피해서 시도하는 롱 레이업 슛이나 플로터, 스쿱 슛 등과 같은 고급 기술의 출발점이기도 하다. 따라서 정확한 기술 구사와 지속적인 훈련은 필수다.

여담이지만, 국내에서는 위에 언급한 고급 기술을 어린 선수가 시도하는 것 자체를 아주 좋지 않게 보는 경향이 있다. 심지어 몇몇 특정 기술 사용을 금지하는 코치도 적지 않다. 하지만 개인적으로는 '발상의 전환'이 필요하다고 생각한다.

기술적 경험을 일찌감치 해보는 것도 중요할 수 있기 때문이다. 그리고 그런 경험들이 나중에 국제무대나 성인무대에서 경쟁력을 갖는 데도 긍정적으로 작용할 수 있다. 무조건 나쁘게 볼 일은 아니다. 그리고 농구 기술을 사용하느냐 마느냐보다는 '어떻게 적절히 사용하느냐'를 가르치는 게 더 중요하다.

8. 마무리 운동

모든 훈련이 끝나고 운동을 마치기 전에 스트레칭과 신체의 열을 발산하는 과정을 포함한 마무리 운동을 꼭 하자. 이를 쿨다운(Cool-down) 단계라고도 하는데, 피로 회복에 직접적 영향을 미치고 부상 방지에도 효과적인 단계이므로 빼놓지 말자.

마무리 운동은 생리학적으로도 중요한데, 체내에 쌓이는 피로물질인 젖산을 제거하는 역할을 하기 때문이다.

핫 이슈, 스킬 트레이닝 열풍

다른 어떤 분야에서도 마찬가지겠지만, 농구도 유행을 탄다. 그런 사례는 여러 가지인데, 특히 최근에는 소위 '스킬 트레이닝'이 열풍이다. 많은 선수가 비시즌에 이 스킬 트레이닝을 받는다고 한다. 구체적으로 어떤 훈련을 받는지 꽤 궁금하기도 하다. 왜 갑자기 이런 열풍이 불게 됐을까?

스킬 트레이닝은 사실 그리 심오한 내용이 담긴 훈련은 아니다. 말 그대로 개인기술의 향상을 목적으로 하는 훈련이다. 팀 전체가 똑같이 하는 연습과는 별도로 자신의 특성과 포지션의 요구사항에 알맞게 새로운 기술을 배우고 익히는 과정이다.

그러나 앞서도 언급했듯이 현대 농구가 점차 신체조건이나 전술 등에서 차이가 줄어들고 있다는 점을 고려하면, 향상된 개인기술의 중요성은 이전보다 더욱 높아질 수밖에 없다. 개인적으로도 프로 수준에 걸맞은 경기력을 위해서나, 신체적으로 더 뛰어난 외국인 선수와 경쟁하기 위해서나, 그리고 궁극적으로 그 선수의 경력과 장래를 위해서나 기술 향상은 필요하다는 생각이다.

이런 이야기를 공개해도 될지 모르겠지만, 나 역시 몇 년 전부터 매 시즌 4주 이상의 훈련 프로그램을 꾸준히 진행하고 있다. 국내 농구 여건상 개인에게 이를 모두 자율적으로 맡기기 어려운지라, 팀 훈련의 전체 일정 중 일부 시간을 이 스킬 트레이닝에 할애한다. 빅맨이라면 골밑에서의 기술을, 포인트가드라면 볼 핸들링 위주의 기술을, 스윙맨이라면 슈팅 기술과 그와 연계하는 기술들이 트레이닝의 주요 내용이 된다.

때로는 해외에서 이를 전문적으로 가르쳐줄 코치를 물색해오기도 했다. 개인적으로 스킬 트레이닝에는 특성화된 전문가가 필요하다고 생각하기 때문이다. 그러다 보니 코치 선택에 엄격한 기준을 갖게 됐다. 일단, 해당 포지션을 플레이했던 선수였거나 지도 경험이 풍부한 코치를 우선시한다. 또한 유럽 리그의 경험도 다소 중요하게 여긴다. 예를 들어 미국 출신 가드들은 개인플레이 성향이 다소 강해 필요 이상으로 드리블하려는 경향성을 드러내곤 한다. 국내 농구에서 원하는 팀플레이 스타일에 잘 맞지 않거나 지장을 줄 때도 있다.

스킬 코치는 그 기술을 언제 어떻게 사용해야 하는지 충분한 이유와 함께 설명할 수 있어야 하고, 직접 시범도 보일 능력도 갖춰야 한다. 외국인 스킬 코치들에게서 배워야 할 점은 대충 추상적으로 지도하지 않고, 충분히 준비된 프로그램을 들고 온다는 점이다. 이들은 보통 훈련 일정을 시작하기 전에 미리 선수들의 사이즈와 해당 포지션의 중점 지도사항이 무엇인지 반드시 물어보고 알맞게 준비해온다. 또한 트레이닝 지도를 하면서 어떤 전략과 전술에 응용할지 나와 계속 대화하며 팀플레이에 맞추는 작업을 돕는다.

한동안은 국내 농구코치들도 이런 훈련을 지도할 능력을 갖추면 얼마나 좋을지 부러워한 적도 있었다. 그래서 새로 코치 생활을 시작하는 젊은 코치들 위주로 그런 전문성을 갖추도록 틈틈이 권유하고 배려하는 중이다. 모든 코치가 적어도 한 가지 이상의 훈련을 전문적으로 지도할 수 있는 스킬 트레이너의 능력을 갖춘다면 국내농구의 발전 속도는 더욱 빨라지지 않을까 하는 게 개인적인 의견이자 바람이다.

현재 우리 팀에서 나와 함께하는 코치들은 모두 포지션 별로 한 가지 이상씩 전문성을 키워가고 있다. 김병철 코치는 슈팅 관련 기술을, 조상현 코치는 빅맨 플레이를 각각 맡고 있다. 누 코지 모두 현역 시설 슈퍼스타였고 슈터로서는 이미 전문가 반열에 올라 있는 인재들이지만, 그 밖의 기술적 요소에 관해서도 모두 전문가 수준이라고 하기 어렵다. 하지만 선수들을 지도하는 경험과 현장에서 경기를 지켜보고 연구하는 경험을 꾸준히 쌓으면서 빠르게 발전하고 있다. 이제는 본인들이 알아서 트레이닝에 필요한 영상 자료를 구해 선수들에게 공유해주거나, 스스로 공부해서 훈련법을 개발해 지도하기도 한다. 조만간 두 사람 모두 해당 분야에 전문성을 갖춘 최고의 코치로 거듭날 거로 확신한다.

얼마 전부터 코치 생활을 시작한 임재현 코치에게는 피니시 슛 트레이닝을 맡겼다. 생소한 용어라 생각할 텐데, 슈팅을 시도할 때 필요한 스탭이나 다양한 슛 기술을 지도하는 역할이다. 예를 들면 유로스텝이나 팩슨스텝, 플로터, 터치 슛, 롱 레이업 슛 등의 고급 기술이 여기에 속한다. 임재현 코치 역시 선수 시절 여러 팀에서 다양하고 풍부하게 농구를 경험했고, 지식수준도 높아 좋은 코치로 빠르게 성장할 것이다. 물론 프로선수들을 잘 지도하려면 시간이 조금 필요하겠지만 말이다.

여기서 명심할 점이 하나 있다면, 스킬 트레이닝의 본질은 단순히 볼을 잘 갖고 놀자는 게 아니란 사실이다. 개인기술의 발전은 농구선수에게 매우 중요한 측면이지만, 경기장에서 필요 이상으로 1대1을 고집하거나 자신의 기술적 능력을 자랑하는 일은 코치나 선수나 가장 경계해야 할 부분이다. 어린 선수들을 가르치는 코치들이 개인기술 연마에 부정적 반응을 보이는 것도 이런 현상과 무관하지 않다. 중고교 코치에게서 선수들을 스킬 트레이닝 프로그램에 보내놨더니 경기에서 혼자 드리블만 치고 다니며 1대1만 하더라는 하소연을 들은 게 한두 번이 아니다.

그러나 농구의 기본은 공과 얼마나 친숙하고 한 몸처럼 핸들링할 수 있는가에서 출발한다. 개인기술은 어린 시절 농구를 배우면서 자연스럽게 익히고 지도가 이뤄지는 게 더 좋다. 효과가 전혀 없지는 않지만, 성인이 된 프로선수들에게는 그 효과가 작고 향상 속도도 느리다. 예를 들어 오리온스에서는 플로터 슛을 훈련 과정에 정식으로 포함한 지가 벌써 5년도 넘었는데, 이 기술을 자신의 것으로 완전히 소화해서 실전에서도 적시에 잘 써먹는 선수는 그리 많지 않다. 그만큼 스킬 트레이닝은 시기가 중요하며, 필요할 때마다 습득한 많은 기술을 적절히 사용할 수 있도록 습관처럼 체득해야 한다.

팀 훈련 구성하기

　개인기술의 훈련 계획을 세우기는 비교적 쉽다. 보통 가장 쉬운 기술부터 점점 더 어려운 기술 순으로 배열한다. 그리고 전체 일정의 마지막 주나 마지막 달에 선수들이 교육을 완료할 수 있도록 각 교육에 투자할 날짜와 시간을 역순으로 되짚어서 계획을 짜면 편리하다.

　그러나 팀 전체가 함께하는 훈련에는 몇 가지 고려할 사항이 더 있다. 먼저, 연습량이 어느 정도가 되어야 적당한지는 한 마디로 딱 잘라 말하기 어렵다. 앞서 언급했듯이 기본적으로 훈련시간 한 차례에 두 시간 정도를 소비하도록 계획을 세우자. 물론 연습의 진도나 과정 및 단계의 난이도와 가짓수에 따라 훈련시간을 한 시간에서 세 시간 사이로 변화할 수 있다. 하지만 항상 체력적인 부분을 고려해야 한다. 될 수 있으면 선수들의 필요에 기초해서 각 교육에 소비되는 시간을 조절하자.

　올바른 교육을 위해 시간을 더 투자해야 한다면, 그냥 무작정 훈련시간을 늘리지 않도록 하자. 가급적이면 기존에 정해진 훈련 과정을 부분적으로 수정할 수 있는지 먼저 고민해본 뒤에 결정한다. 다시 말해서 코치가 훈련 계획을 자세히 검토하고 철저히 분석해서 그날의 훈련에 중요한 부분을 어느 시간대에 배치하고 시간을 어떻게 배분할지 정하자는 이야기다.

　선수들이 기본 기술을 어느 정도 습득했다고 판단한 뒤에는 경기에 필요한 팀 전술 훈련을 시작해도 좋다. 특히 어린 선수들은 기초적인 사항을 익히는 데도 시간이 꽤 필요하다. 입문 단계의 선수들을 가르칠 때는 팀 기술은 며칠 또는 몇 주 동안 개인기술을 훈련하고 체력적으로 준비가 된 다음에 가르치기 시작한다.

이 과정에서 너무 조급해 할 필요 없다. 어느 팀을 코치하든 선수들이 새로운 훈련 계획을 완벽히 따를 때까지는 약간의 시간이 걸린다. 선수들이 연습 내용의 절반 정도만 소화하더라도 괜찮다. 그럴수록 선수들에게 필요한 것이 무엇인지, 그리고 훈련이 효과적으로 진행되기 위해 더 보완해야 할 점이 무엇인지 파악하려고 노력해야 한다.

어린 선수들을 가르치는 입장인 코치가 필수적으로 교육해야 할 첫 번째 팀 전술은 경기를 시작할 때 센터 서클에서 하는 점프볼 수

점프볼 상황에서의 전술은 농구의 가장 기본적인 전술 중 하나다.

비 대형(Defensive Center Jump Setup)이다. 이는 상대의 진로를 막고 우리 팀이 볼을 쟁취할 수 있게 하는 훈련이다. 상대적으로 중요한 전술에 속하지 않으므로 굳이 교육시간을 많이 투자할 필요는 없다. 첫 경기를 치르기 전 적당한 타이밍에 간략히 설명하고 훈련해도 된다. 그래도 교육하기도 간단하고 배우기도 쉬운 내용이므로 전술 교육의 준비운동 정도로 생각하고 먼저 가르쳐도 괜찮다.

그다음으로 습득해야 할 팀 전술은 자유투 대형(Foul-line Setup)이다. 상대가 자유투를 던지는 상황에서 각 위치에 서는 선수들의 임무가 포함된 전술이다. 필요하다면, 이 전술을 훈련하는 동안 박스아웃(Box-out)과 공수전환 전술을 함께 가르칠 수도 있다. 물론 기본 자유투 대형을 가능한 한 빠르게 선수들이 습득할 수 있도록 하는 게 우선시되어야 하겠지만 말이다.

이 두 가지 전술은 특히 중학교 이하의 어린 선수들에게 꼭 필요한 훈련이다. 그냥 학교나 동네에서 서로 어울려 하는 농구경기에선 사용할 일도 배울 방법도 거의 없지만, 정식 경기에선 필수요소인 전술이기 때문이다. 하프코트에서 공격과 수비를 주고받는 게 농구경기의 전부는 아니다.

놓치기 쉬운 팀 전술 중 하나가 경기를 마무리하는 기술이다. 예를 들어 경기 막바지에 이기고 있다면, 지고 있는 상대 팀이 강압수비(Press Defense) 전술을 운용할 수 있다. 이런 경험을 어느 정도 겪어본 선수라면 얼마든지 대비할 수 있겠지만, 경험 없는 어린 선수들에게는 강압수비가 들어올 때 당황하지 않고 미리 준비한 공격 전술을 그대로 펼치는 능력을 갖춰줘야 한다.

사실 이는 꼭 특정 상황에만 해당하는 이야기는 아니다. 변화에 침착하게 대응하는 기본 마인드는 어릴 때부터 키워주는 것이 좋다.

전술을 가르치고 습득하는 과정 자체도 중요하지만, 어린 선수들을 지도할 때는 경기 중에 의사소통을 원활히 할 수 있게 유도하는 훈련도 마찬가지로 중요하다. 또한 고등학교 이상 선수들보다 경기 경험도 적고 체계적인 교육도 적게 받았을 것이므로 코치들은 충분한 인내심과 기다림을 발휘하며 훈련을 진행해야 한다. 어린 선수들은 경기를 뛰기 시작하면서 크게 달라지기도 하므로 꾸준한 관찰 역시 필요하다.

이런 식으로 팀 훈련의 메뉴를 하나씩 덧붙이는 과정을 거치다 보면 비로소 하나의 팀을 완성할 수 있게 된다. 체계적으로 훈련을 진행하는 것이 결코 쉬운 일은 아니다. 개인적인 경험상 이렇게 꼼꼼하게 훈련 계획을 세워서 지도하는 초중고 코치를 만나본 적이 거의 없다. 벌써 몇 시즌째 프로농구를 경험하고 있지만, 프로에서도 이렇게 잘 짜인 훈련 계획과 팀 전술 없이 시즌을 나는 팀이 뜻밖에도 심심찮게 나타난다.

치밀하게 준비된 코칭이 있어야 선수들이 올바르게 성장하고 잠재력을 최대한 끌어올릴 수 있다는 점을 명심하기 바란다. 코치들은 이 전반적인 준비 과정을 농구경기의 핵심요소 중 한 부분이라고 생각할 필요가 있다.

물론 코치 자신이 이런 준비에 관한 지도 철학을 갖추는 것이 그 첫걸음일 것이다.

코치가 시즌 계획, 또는 1년 계획을 세우지 않고 농구팀을 운영한다면, 선수들에게 좋은 기술을 가르치거나 적절히 훈련하는 일이 무의미해질 수 있다. 게다가 최근 들어서는 학교 농구팀들도 프로처럼 대회 개념보다는 시즌 개념으로 경기 일정을 치르는 추세다. 이런 일정상의 변화에 효과적으로 대응하려면 장기간의 시즌을 대비한 장기 계획의 수립이 더욱 필수적이라고 할 수 있다. 그뿐만 아니라, 훈련 일정 역시 비시즌 기간과 시즌 기간을 구분해서 잡는 게 바람직하다.

시즌 계획에는 가르치는 훈련의 총량과 각 훈련에 대한 시간 배분이 명확히 정의되어 있어야 한다. 그 계획을 일정대로 완벽히 지키지 못할 수 있다. 중간에 변경할 수도 있다. 하지만 계획을 세워두면 적절한 목표를 세우고 개인기술을 체계적으로 가르치기 수월

Sample Practice Plan

Time Frame	Length	Activity	Suggested Drills*
00:00 - 00:10	10 mins	Exercises	+ Footfire + Plyometric circuits + Other cardio exercises
00:10 - 00:20	10 mins	Shooting	+ Big Man Drills, Rapid Fire Shooting + Focus on shots within your offense
00:20 - 00:30	10 mins	Defensive Drills	+ 5 drills run for 2 minutes each + All focusing on foot quickness, aggressiveness, and blocking out (rebounding)
00:40 - 00:50	10 mins	Offensive Drills	+ Practice your offensive sets vs zone and man to man + Start against dummy defense, then move into full speed 5 on 5

훈련 일정 작성의 한 사례. 간단한 형태로라도 계획을 정리하는 습관을 들이자.

해진다. 시즌 계획에 따라 선수들의 능력과 훈련 성과가 달라질 수 있다는 의미다.

일반적으로 한 팀에서 선수들에게 전술을 제대로 가르치려면 오랜 기간이 필요할 수밖에 없다. 여러 기술 또는 전술을 통합한 훈련을 포함해야 한다면, 해당 연습에 더 많은 시간을 투자할 수도 있어야 한다. 이것이 가능해지려면 전체적인 계획 수립이 당연히 선행되어야 하며, 더 나아가서 주간 및 월간 계획도 미리 세워둘 필요가 있다. 계획 없이 훈련을 진행하다 보면, 원래 실시하려 했던 훈련 내용을 모두 소화할 수 없게 되거나 정작 중요한 부분을 연습해야 할 시간이 부족해질 수 있다.

시즌 계획을 세울 때는 전체 훈련 계획뿐만 아니라 훈련 방식에 관해서도 분석하고 평가해야 한다. 먼저 한 가지 이상의 목표를 정하고, 이를 달성하기 위해 선수들을 어떻게 연습시킬지 연구하는 자세가 필요하다. 자신이 해봤던 방법만 고수하거나 선배들의 방법만 답습하지 말고 자신만의 훈련기술을 개발하고 응용해야 훈련의 질을 높이고 시간을 단축할 수 있을 것이다. 우리보다 앞선 농구의 훈련방식을 전문적으로 연구해둔 해외서적 등을 참고하는 것도 아주 좋은 방법이다. 가장 강조하고 싶은 점은 어떤 코치든 선수들에 맞게 훈련법과 훈련기술을 찾아내고 개발하고 적용할 줄 알아야 한다는 것이다.

효과적인 팀 훈련을 위한 지침

코치는 단순히 가르치기만 하는 사람이 되면 곤란하다. 항상 효율성과 효과를 생각해야 한다. 다음은 연습시간을 단축하고 진도를 빨리 나가기 위해 할 수 있는 몇 가지 팁이다.

- 선수들이 배운 내용을 그들의 능력 수준에 맞게 복습할 수 있도록 용기를 북돋워주자.
- 선수들이 훈련법을 다시 연습해볼 수 있도록 숙제를 내준다. 예를 들어 피벗 동작 100번 하기, 혹은 점프 숏 50번 던지기 등과 같은 방식으로 연습 과제를 내주자.
- 준비운동을 하게 하자. 팀 훈련에 필요한 시간을 줄일 수 있다.
- 자주 하는 훈련은 훈련시간을 줄이자.
- 한꺼번에 새로운 기술을 소개하지 않는다. 미팅을 통해 새로운 훈련과 기술을 미리 소개해주면 훈련시간을 단축할 수도 있다.
- 코치는 가르치는 목적이 무엇인지를 토대로 훈련법을 연구해야 한다. 같은 훈련이라도 방법을 어떻게 정하느냐에 따라 선수들이 쉽게 또는 어렵게 받아들이게 된다.
- 전 시즌(또는 1년, 한 학기 등)에 대한 전체 일정을 계획하고, 이에 맞춰 월별, 일별 계획을 차례로 준비한다.

또 하나 코치에게 중요한 사항은 연습시간을 기록화하는 작업이다. 연습과 연습의 중간 시간은 선수들이 그냥 허비하기 쉬운 시간이다. 코치가 계획성 없이 훈련을 진행하면 그 중간 시간을 그대로 낭비하는 시간으로 만들 공산이 크다. 그러므로 훈련 일정이 끊어지지 않고 물 흐르듯이 진행되려면 시간 설정을 머릿속에만 하지 말고 명시해두자.

새로운 기술이나 전술 등을 설명할 때도 마찬가지다. 머릿속에서 한 번 정리해뒀다고 해도 가능하다면 기록화해서 준비하자. 설명 내용을 미리 연습하고 정확히 걸리는 시간을 재면 더욱 효율적인 연습을 만들 수 있다.

훈련의 수준과 강도

효과적 학습을 위해서는 신체적 노력을 어느 정도 들여야 하는지 선수들에게 분명히 말해줄 필요가 있다. 선수들이 왜 이렇게 움직여야 하며 활동량이 많아질수록 더 좋은 경기력이 발휘된다는 사실 또한 주지시킬 필요가 있다. 예를 들면 슈터에게 공격에서 단지 슈팅 시도에만 집중하려는 경기 중 플레이를 개선하고 효과적인 플레이를 하려면 어떤 동작이 필요한지를 알려줘야 한다.

다음은 훈련 강도의 세 단계를 설명한 내용이다. 이 책에서 설명하는 훈련들의 강도 역시 이 세 단계 중 하나에 해당한다.

Level 1. 기술 학습 수준의 강도

이 수준은 슛과 드리블, 패스 등을 처음 배울 때 적합한 수준을 의미한다. 기술적 수준은 천천히 교육하자. 새로운 기술은 경기 중이 아니라 연습 과정에서 방법을 가르쳐야 한다.

볼을 사용하지 않고 볼 기술을 가르쳐도 좋다. 꼭 볼을 들지 않아도 빈손으로 동작을 세밀하게 알려주고 훈련시간마다 확인하면 선수들이 금방 숙달되고 교육시간이 줄어들 수도 있다.

Level 2. 연습시간 수준의 강도

이 수준은 일반적인 훈련 강도를 의미한다. 선수들은 보통 이 단계로 모든 기술을 습득하게 된다.

이 단계는 훈련 강도 중에서 가장 높은 수준이다. 선수들이 실제 경기를 뛸 때와 똑같은 긴장감을 가지고 훈련에 임하도록 지도해야 한다. 신체기능의 최대치를 끌어내야 하는 공수전환이나 허슬(hustle) 플레이 등의 훈련은 경기할 때와 동일한 강도로 한다. 공격적(적극적)인 수비나 스피드를 이용한 공격 및 수비 훈련 등도 역시 실전 단계의 훈련 강도가 필요하다.

훈련의 태도 - 어떻게 훈련할 것인가?

연습의 원리는 태도와 많은 관련이 있다. 선수들을 다루는 방법은 앞서 언급했듯이 깊은 믿음과 관련 있다.

1. 먼저 선수들의 개인기술에 초점을 맞춘다. 팀 기술은 개인기술의 적용과 복합이다.
2. 참고자료로 사용하기 위해 훈련 계획을 노트에 적어두자.
3. 훈련시간을 재자. 할당된 시간 내에 훈련을 마쳐야 한다. 부족한 훈련을 위해 시간이 더 필요하면, 따로 시간을 더 내자. 선수들은 집중력의 한계가 있다.
4. 연습하는 동안 모든 선수에게 신경 쓰자. 놀고 있는 선수가 있으면 안 된다.

5. 모든 선수에게 볼이 필요하다. 훈련에는 어떤 종류의 볼을 사용해도 괜찮다. 필요하다면 (어린 선수들에게는) 비치발리볼이나 배구공을 사용하거나, (성인 선수들이라면) 농구공보다 무거운 헤비볼을 이용해도 좋다.

6. 드리블이 포함되지 않은 훈련에서는 선수들의 드리블을 금지한다. 나쁜 습관도 생기고 훈련 집중에 방해가 된다.

7. 팀 전술이나 여러 선수가 개입되는 기술을 가르칠 때는 그림자 훈련법(Shadow Training)을 사용하자. 선수들이 코치와 약간의 간격을 두고 마치 그림자처럼 같은 방향으로 같은 동작을 따라 하는 방법이다.

8. 선수들이 각 포지션에 필요한 개인기술을 배울 수 있게 하자. 신장이 큰 선수라면 작은 선수처럼 드리블 연습을 하게 하고, 작은 선수라면 박스아웃을 가르치자.

9. 선수들에게 생각할 시간을 주자. 그냥 하는 훈련과 생각하고 난 뒤의 훈련은 큰 차이가 있다. 새로운 훈련을 할 때는 선수들에게 미리 설명하면 더욱 효과적이다.

10. 집에서 할 수 있는 숙제를 주자. 어린 선수에게는 특히 더 많은 도움이 된다. 코트나 볼 없이 연습할 수 있는 것도 많다. 성인들에게는 패턴이나 전술에 관해 한 번 더 생각하게 하자.

11. 선수들이 올바르게 연습하는지 확인하자. 선수들의 능력에 맞게 연습할 수 있도록 하자. 완벽한 연습은 선수를 완벽하게 만들지만, 선수들은 시도 때도 없이 잘못된 연습 방법을 사용한다. 그런 순간이 나타나는지 계속 관찰하자. 잘못된 연

습은 바꾸기 힘든 나쁜 습관을 들일 수도 있다.

12. 특별히 아끼는 선수를 만들지 말자. 코치가 실력에 따라 특정 선수를 좋아하는 모습을 보이면 실력이 떨어지는 선수는 크게 실망하기 마련이다. 좋은 선수가 더 나은 사람이거나, 실력이 떨어지는 선수가 꼭 나쁜 사람이란 법은 없다. 누구나 하나같이 시간과 노력을 들일 만한 가치 있는 개인이다. 모든 선수를 똑같이 중요한 사람으로 대하자.

13. 레이업 슛이나 짧은 슛을 실패한 선수에게는 더 잘할 수 있게 용기를 북돋워 주자. 이와 반대로, 필요할 때는 선수들에게 얼마나 많은 슛에 실패했는지 지적해주자.

14. 선수들을 위해 간단한 연습 규칙을 만들자.

15. 훈련의 강도를 적당히 배분하자.

16. 코치가 하지 말아야 할 것에는 무엇이 있는지 깨닫자.

17. 매니저가 훈련에 필요한 사항 일부를 돕게 하자. 매니저 역시 팀의 일원으로 생각하자.

18. 선수들의 실력이 향상되면 칭찬해주자. 때로는 실력 향상에 박차를 가하는 방법이 된다.

훈련시간에 하지 말아야 할 것들

훈련에 꼭 필요한 사항이 있다면, 하지 말아야 할 사항도 있기 마련이다. 선수들이 잘못된 방식으로 훈련하게 해서는 안 된다. 익혀야 할 기술과 필요한 연습이 연결되어야 한다는 사실을 명심하자.

다음에 대표적인 몇 가지 유의사항을 정리해뒀다. 물론 이는 하나의 참고자료에 불과하다. 자신이 맡은 팀의 연령대와 성별, 선수들의 수준, 기타 특성에 따라 적절한 '금지규칙'을 정하자.

1. 연습 도중에는 경기하지 않는다. 코치 한 명이 선수 10명을 한꺼번에 가르칠 수 없기 때문이다. 훈련 일정을 소화하는 도중에 즉흥적인 경기는 자제하고, 연습경기는 정식으로 계획해서 전체적으로 지시한 후에 실시할 수 있도록 한다.

2. 일대일 수비기술과 능력을 충분히 익히기 전까지는 지역방어기술을 가르치는 데 많은 시간을 소비하지 않는다.

3. 10~20번씩 연속으로 자유투(Foul Shooting)를 연습하지 않는다. 실제 경기에서는 자유투를 그렇게 연속으로 많이 쏠 경우가 없으며, 집중력에도 도움이 되지 않는다.

4. 슈팅에 숙달되지 않은 선수에게는 3점 슛 연습을 시키지 않는다. 선수가 먼 거리 슈팅 연습을 원한다면, 별도로 특별교육을 하자. 특히 먼 거리 슈팅을 할 수 없는 근력과 신체조건을 보유한 어린 선수에게 무리하게 시키다가는 평생 나쁜 슈팅 자세를 갖게 만들 수도 있다.

5. 수비할 때는 농구 기술을 사용하지 않고 상대 공격자에게 무작정 달려드는 일이 없도록 한다. 다시 말해서 무리하게 파울로 공격을 저지하는 버릇이 생기지 않게 하자는 이야기다. 그

러는 선수는 수비기술의 발전을 기대할 수 없게 될 것이다.

6. 학생이 우선이고 그다음이 선수며, 경기를 선수보다 더 중요하게 생각하지 않는다. 경기에 너무 얽매여 학생들을 교육적으로 대해야 한다는 사실을 잊어서는 안 된다는 이야기다. 승패에 매달려 교육적·윤리적 기준을 넘어서는 일은 코치가 절대 하지 말아야 할 일 중 하나다.

7. 경기 중에 선수들이 과도하게 흥분하는 상황을 미리 막자. 경기하다 흥분하는 일은 거의 모든 선수에게서 발생한다. 그들을 진정시킬 필요가 있다. 긴장감을 유발하는 표현 또한 자제한다. 선수들을 더욱 불안하게 만든다.

8. '손이 작은' 선수라고 해서 두 손 슈팅을 강요하지 않는다. 사실 두 손 슈팅은 한 손 슈팅보다 기술적으로 더 어렵다. 선수

자유투를 연속으로 연습하는 것은 꼭 좋은 방법이라 할 수 없다

들이 익히기에도 한 손 슈팅이 편하다. 하지만 이를 위해선 한 손으로 볼을 다루는 기술을 연습해야 한다. 한 손으로 하는 연습은 한 손 슈팅을 더욱 쉽게 할 뿐만 아니라, 두 손을 사용해야 하는 다른 능력 또한 향상할 수 있다.

9. 필요 이상으로 많은 칭찬을 하지 않는다. 선수들은 코치의 배려와 관심, 도움을 원한다. 칭찬은 이런 것들보다 더 요긴하게 사용될 필요가 있다.

10. 코치는 준비된 계획 없이 연습에 오지 않는다. 연습 전에는 항상 계획을 세우라는 의미다.

보조코치, 매니저와 함께하기

보조코치 또는 매니저는 다음과 같은 도움을 줄 수 있다.

1. 경기 시간이나 체육관 사용 일정 등을 정하고, 점수나 시간, 통계 등을 관리한다.

2. 연습에서는 다양한 역할을 한다.
   - 훈련 파트너: 교육에서 공격수 또는 수비수 역할을 대신한다.
   - 수비 파트너일 때는 파울로 개인플레이를 방해하는 역할을 하기도 한다.
   - 통계 작성: 선수들이 실패한 레이업 슛 회수 등을 기록한다.

• 교육시간 측정: 교육마다 시간을 잰다.

나는 자주 매니저에게 시간을 묻곤 한다. 하나의 훈련이 예정된 시간보다 더 걸리면 다른 훈련을 축소해야 해서다. 매니저는 5-10분 정도 시간이 더 경과하면 코치에게 알려줘야 한다. 이는 스케줄을 정리하는 데 도움이 된다. 단, 훈련시간 지연 등과 같은 시간상의 문제는 선수들과 멀리 떨어져서 대화한다.

어떤 교육은 쉽게 축소될 수 있는 반면, 그렇게 하면 안 되는 교육도 있다는 점을 명심하자. 이러한 이유에서 정확한 시간을 계획하기보다는 전체적인 범위를 정한 뒤에 연습 계획을 작성하는 방식이 좋을 수 있다.

훈련은 감독 혼자 절대 진행할 수 없다. 코치 한 명이 다 챙기기

연습을 진행할 때는 여러 코치와 역할을 분담할수록 좋다

에는 너무 힘든 작업이다. 쉽지 않은 이야기지만, 개인적으로는 아무리 여건이 어려운 학교 농구부라 해도 꼭 훈련 보조자를 고용하라고 말하고 싶다. 가능하다면 성별과 관계없이 5~6명 정도 두자. 또한 가장 뛰어난 수제자를 보조코치로 데려오자. 경험 많은 선수 출신이라면 더할 나위 없이 좋다.

나는 보통 세 명의 코치와 세 명의 트레이너에게 훈련마다 목적과 각자 해야 할 일을 알려준다. 이들은 훈련에 필요한 임무를 숙지하고, 때로는 수비수로, 패스 보조로, 숏 블로커로 활약한다. 또한 매니저와 트레이너 등은 훈련이 무리 없이 진행되도록 장비와 물 등을 준비하기도 한다.

훈련 보조자에게도 가장 중요한 사항은 흥미다. 매니저에게 점수 매기고 시간을 재고 통계 내는 방법을 가르쳐주자. 그리고 매니저가 다른 사람들을 가르치게 하자. 항상 훈련 상황을 점검하고, 매니저의 모든 교육은 선수들과 함께 있을 때 한다. 정규 게임이나 연습 경기에서의 점수 통계를 많이 생산하고, 선수들과 함께 수치 분석 작업을 맡겨도 좋다.

연습경기 일정 잡기

연습경기는 선수들을 (그리고 어느 면에서는 코치도) 평가할 좋은 기회다. 선수들은 스스로 평가를 준비하게 된다. 더 열심히 연습하고 코치의 말에 귀를 더 기울인다. 그러니 연습경기가 잡히면 즉시 선수들에게 알려주자.

현재 팀의 수준이나 목적에 따라 연습 상대도 달라진다. 처음에는 엇비슷하거나 어렵지 않은 팀과 경기하면서 전반적으로 팀에 자신감을 불어 넣어주고 서서히 강한 팀으로 상대를 바꾸는 방법이 일반적이다.

이와 반대로, 더 강한 상대와 대결하는 방법도 있다. 이런 경우, 패배의 결과에서 선수 각자가 매너리즘에서 벗어나고 새롭게 동기를 유발하는 각성효과를 얻을 수도 있다. 예를 들어 고교 수준에서 강한 팀이라면 대학팀과, 중학교 수준에서 강한 팀이라면 고교팀과 연습경기를 주선하는 것이다.

그러나 가능하면, 특히 아직 배우는 과정에 있는 어린 선수들이라면 전력이 비슷한 팀과 연습경기를 하는 편이 좋다. 큰 점수차의 승리나 패배는 자칫 부정적 영향을 미칠 수 있기 때문이다. 그리고 승패보다는 경기 내용에 더 관심을 가져야 한다는 점을 인식하게 해주는 것은 정말 중요하다.

연습경기는 팀 훈련의 완성도에 따라 일정을 잡아야 한다. 팀 전술 훈련을 마치고 익혀둔 전술들을 적용해보는 최고의 방법은 아무래도 실제 경기를 치르는 것이기 때문이다. 이를 통해 실전에서의 활용 가능성과 전술의 약점이나 문제점 등을 파악하는 데 도움이 된다.

그런 관점에서 연습경기 횟수는 주당 2회 정도가 적당하다. 경기를 통해 드러난 문제점을 보완하는 과정이 필요하기 때문이다. 경기를 자주 경험하다 보면 선수들이 자연스럽게 발전할 거란 생각은 절반만 맞는 이야기다. 코치들은 모든 연습경기에서 개선과 보완의 이슈를 검토하고 이를 선수들과 함께 다듬어가야 한다.

주말이나 휴일 뒤에 곧바로 연습경기를 하는 것도 그리 좋은 생각은 아니다. 운동을 쉬었다가 바로 경기를 한다는 것은 선수들이 최고 컨디션으로 연습경기에 임할 수 없다는 의미기 때문이다. 물론 프로리그나 대회 등을 치르다 보면 쉬는 날 뒤에 경기를 치를 일이 많긴 하다. 이럴 때는 당연히 훈련 일정을 조정해서 훈련일과 휴식일을 바꿔야 한다.

연습경기의 운영에 관해서는 코치진 전체가 상의하자. 베스트 멤버를 기용할지, 아니면 모든 선수에게 똑같이 출전시간을 부여할 것인지도 생각하자. 필요하다면 경기시간이나 팀 파울 수도 협의할 수 있다. 심판은 누가 볼 것이며, 작전타임으로 선수 교육의 시간을

연습경기 심판 역할은 코치에게도 큰 도움이 된다.

얼마나 줄 것인지 등도 의사결정 사항이 된다.

작전타임 이야기가 나온 김에 한 마디 덧붙이자면, 어떤 코치는 연습경기 도중에 타임아웃을 불러놓고 상대 팀이 기다리든 말든 몇 십 분씩 선수들을 지도하기도 한다(때로는 아주 큰 소리로 지도하기도 한다). 아무리 연습경기고 그 목적이 선수들의 교육 차원이라 해도 이는 상대에 대한 예의가 아니다. 이런 상황에 관해 미리 양해를 구했다면 모를까 절대로 그러지 말자.

개인적으로는 — 특히 어린 선수들을 가르친다면 — 코치 자신이 직접 심판을 보면서 10~15분 정도의 작전타임 시간을 양해받아 활용하는 방식을 권하고 싶다. 직접 심판을 보면 판정에 관해 설명할 기회가 생길 뿐만 아니라 그 상황에서 어떻게 했어야 옳은지를 가르칠 수도 있어서 좋다. 실전에서 심판은 좀처럼 판정에 관해 설명해주지 않으며, 판정의 근거 또한 확실히 지적해주지도 않는다.

물론 그러려면 코치가 준비를 많이 해야 한다. 해당 리그의 규정집을 구해서 읽고 숙지해야 한다. 심판의 판정과 규칙에 관해 잘 이해하고 있으면 코칭에도 도움이 많이 된다.

좋은 습관 길러주기

라커룸 칠판에 '습관'이라고 쓰고, 이렇게 이야기해보자. 선수들은 과연 어떤 반응을 보일까?

"너희들 이 단어 다 알지? 습관이란 것은 너희가 아주 많이 반복적으로 실시해서 무의식적으로 하게 되는 행동이야. 생각해볼 필요도 없이 말이지. 습관은 경기에서도 나타나고 일상생활에서도 나타나게 되어 있어. 처음에 형성된 습관은 아주 오랜 기간 너희와 함께하게 돼. 그래서 좋은 습관이 중요해. 왜냐면 나쁜 습관도 마찬가지로 아주 오랫동안 함께하거든."

좋은 농구선수가 되는 방법에 정답은 없다. 그래도 기본적으로 연습을 통해 만들어진 좋은 습관과 행동은 무조건 필요하다. 훌륭한 코치의 지도를 받아 배양하지 않는 이상, 어떤 선수도 태생적으로 처음부터 좋은 습관을 지니고 있을 수 없다. 그래서 선수들은 경기 내외적으로 습관을 잘 정립할 필요가 있다. 또한 코치에게는 언제나 연습 중에 선수들의 좋지 않은 버릇을 바로잡아줄 책임이 있다.

1. 사회적 습관 키우기

농구를 비롯한 팀 스포츠에서 가장 중요한 사회적 습관 중 하나가 시간 엄수다. 시간 엄수는 동료와 코칭스태프에 대한 존중을 표현하는 방법이다. 따라서 선수들에게 연습시간을 지키고 연습에 집중하라고 요구해야 한다. 누군가 늦어서 연습이 지연되기 시작하면 당연히 좋은 연습이 될 수 없다. 정해진 시간보다 늦게 시작한다는 것은 코치의 계획이 틀어진다는 의미고, 팀 전체의 역동성과 효율성을 저해하는 일이 될 수 있다.

게다가 시간 엄수가 잘 안 되는 현상은 다른 규칙들 역시 문제가 될 수 있다는 신호다. 이런 식으로 규범이 정립되지 않는 팀은 그럭 저럭 몇 번쯤 이길 수야 있겠지만, 꾸준한 성공을 거두기 어렵다.

특히 팀의 스타 플레이어나 에이스라고 해서 연습에 지각한 사실을 눈감아주지 않도록 유의하자. 한 번 나쁜 습관이 생기기 시작하면 그 범위는 점차 늘어난다. 지각을 허용해주면, 그다음은 연습이 빨리 끝나기를 원할 수도 있다. 그리고 그 선수를 제외한 나머지 팀원들에게도 불만거리가 될 수 있다. 누가 됐든 규칙은 하나도 빠짐없이 꼭 지키게 하자.

코치 역시 이 규칙 지키기에 동참해야 한다. 연습은 항상 제시간에 시작하고 제시간에 마무리 짓자. 잘 짜인 계획을 통해 순서대로 다음 훈련으로 넘어가자. 이런 코치의 태도는 선수들의 규율을 정립하는 데 도움이 되며, 코트 안에서의 좋은 습관으로 이어진다.

이런 것은 꼭 지키게 하자!

시간 엄수 외에도 팀의 규범에 기본적인 사항 몇 가지를 더 추가해보자. 복장도 규정한 대로 입게 하며, 미리 연습을 준비하게 하자. 코치가 이야기하거나 교육할 때는 드리블을 하거나 볼을 잡고 있지 않는 습관을 갖게 하자(교육 중에 볼로 주의를 산만하게 만드는 행동은 교육시간의 예의에서 벗어날 뿐만 아니라 다른 동료의 학습에도 지장을 줄 수 있음을 명확히 알려주자).
그리고 훈련이 끝난 뒤에는 체육관에 있는 모든 볼을 정리할 수 있도록 선수들에게 주지시키는 것도 잊지 말자.

2. 기술에 관한 습관 키우기

선수들의 좋은 습관은 팀 차원에서도 필요하다. 여기에는 좋은 훈련과 생활을 위한 습관뿐만 아니라 풋워크나 패스, 리바운드 같은 기술 관련 습관이나 철저한 연습 습관 등도 포함된다. 농구를 구성하는 기본요소들을 자동으로, 습관적으로 수행할 수 있다는 것은 재능 있는 개개인이 하나로 뭉쳐 승리하는 팀이 된다는 의미나 마찬가지다.

요즘 농구는 기본기보다 점프력과 체격 향상이 더 중시되고 있다. 하지만 선수들이 얼마나 더 커지고 힘이 세지고 간에 농구는 결국 기교의 경기다. 부드럽고 정확한 점프 슛과 완벽한 타이밍을 맞춘 커트-인, 빈 공간으로 빼주는 외곽 슛 찬스의 경기다. 이런 기술들을 완전히 습관화하도록 매일 연습을 통해 만들어가야 한다.

코치 경험이 조금이라도 있는 사람이라면 지금 무슨 말을 하고 있는지 잘 알 것이다. 별것 아닌듯한 간단한 훈련들이 나중에 가면 완벽한 타이밍에 스크린을 정확하게 걸고, 철저한 박스아웃을 통해 리바운드를 잡아내는 등의 고급 기술과 고차원적인 팀플레이에 적용된다는 사실을 말이다. 굳이 다시 강조할 필요 없는 이야기지만, 연습시간은 경기시간보다 훨씬 더 중요하다. 연습시간은 팀을 만들어가는 시간이다. 좋은 코치는 대강대강 넘어가거나 나쁜 습관을 그냥 지나치지 않는다.

선수들이 이런 좋은 기술의 종합선물세트가 될 수 있게 하는 방법 하나는 끊임없는 반복을 통한 기초 훈련으로 습관화되게 하고, 경쟁을 유도해서 동기를 부여하며, 실제 경기에서 그대로 실행할 수 있도록 자신감을 불어 넣어주는 것이다. 반복훈련과 동기부여, 자신감 고취 등에 관한 사항은 이미 앞에서 충분히 설명했다.

3. 많이 뛰는 습관 키우기

농구에서는 좁은 코트를 누가 효과적으로 사용하는지가 승패에 중요한 역할을 한다. 그런 점에서 뛰는 습관이야말로 선수들에게 정말 좋은 습관이다.

그러나 러닝을 별도의 체력훈련으로 시행하면, 신체는 경기에서의 뛰기와 훈련에서의 뛰기를 서로 다른 신호로 받아들이게 된다. 그러니 될 수 있으면 체력 육성을 위한 러닝은 지양하고, 훈련 과정에 러닝을 함께 녹여 집어넣자.

좋은 활용법 중 하나가 러닝을 훈련 중에 벌칙으로 유용하게 써먹는 방법이다. 예를 들면 '벌써 3번째 턴오버야. 모두 베이스라인에 정렬! 뛰어!'와 같이 말이다. 이런 방법은 일거양득의 효과를 거둘 수 있다. 선수들의 실수에 그냥 주의만 주고 넘어가는 것보다 경각심을 더 강하게 자극하는 효과가 있다. 게다가 러닝은 선수들이 항상 체력적으로 준비되어 있게 해주므로 컨디션 유지 효과도 있다고 봐야 한다.

여담이지만 훈련 과정에서 불가피하게 발생하는 벌칙은 매우 민감한 문제다. 어떤 사람은 처벌의 개념을 부정적으로만 생각하는데, 앞서도 언급했듯이 상벌에 대한 규칙은 선수의 지도나 팀 운영에 어느 정도 필요한 부분이다. 벌칙이 수반된 연습은 결국 팀을 하나로 뭉치고 더욱 견고하게 만들어가는 데 도움된다.

문제는 방법론이라고 생각한다. 처벌방식을 너무 강압적이고 폭력적인 방식 한 가지만 이용하고 있는지 돌아볼 필요가 있다. 위에서 사례로 들었듯이 훈련 중 벌칙으로 러닝을 이용한다든지, 또는 다른 여러 가지 창의적인 방법을 골고루 활용한다면, 폭력적 지도방식은 사라질 것이다. 이 점 역시 코치 생활을 하면서 항상 연구해야 할 부분이라고 본다.

러닝 이야기로 다시 돌아와서, 뛰는 동안 선수들은 머릿속으로 자신들의 문제점이 무엇인지 생각할 수 있다. 선수들이 '감독이 맞아. 우리가 너무 많은 실수를 했어.'라고 생각한다면, 팀은 한 걸음 더 발전할 수 있다. 코치가 쉽게 넘어가지 않았기 때문에 선수들에게 뭔가 배울 기회를 제공한 것이다.

어떤 코치는 훈련일마다 팀의 표어를 정해서 알려주고, 훈련 도중에 갑자기 선수들에게 물어본다. 만약 선수가 그 표어를 기억하지 못한다면, 전 팀원이 러닝 벌칙을 받게 되는 식이다. 어떤 코치는 기억하지 못한 선수를 제외한 나머지 모든 선수를 대신 뛰게 하기도 한다. 과도하게 시킨다면 문제겠지만, 그렇지만 않다면 러닝 벌칙과 같은 방법도 집중력과 팀워크에 도움을 주는 훈련법이 될 수 있다. 팀에 가장 적합한 방법이 뭔지 생각해내어 잘 활용하자.

제5장

스타일리시한 공격 전술

여느 스포츠와 마찬가지로 농구도 코치마다 자신만의 스타일이 있다. 그리고 그 스타일이 ― 특히 관중과 팬들에게 ― 가장 잘 드러나는 부분은 공격 전술을 운용할 때다. 농구의 구성요소는 여러 가지고 저마다 특징이 있기 마련이지만, 경기를 보는 입장에서는 아무래도 볼을 소유하고 슈팅을 시도해 득점을 올리는 공격 상황이 눈에 더 잘 들어올 수밖에 없다.

물론 코치 입장에서는 이런 '보여주기' 관점보다는 경기를 '이기기 위한' 관점에서 공격 전술에 접근하게 된다. 그 어떤 스포츠보다도 득점을 많이 올려야 하는 농구의 가장 기초적인 특성을 고려하자면, 그 팀의 득점력이 약하다는 소리는 말 그대로 '승리의 기본 조건에 미달'이란 의미기 때문이다. 결론부터 말하자면, 어떤 상대를 만나더라도 일정 수준 이상 득점을 올릴 수 있도록 팀의 공격을 편성하는 것은 농구코치의 가장 원초적인 책임이자 의무 중 하나라 할 수 있겠다.

새로운 공격은 아무래도 농구 선진국인 미국이나 유럽의 명코치들이 주로 창조해서 경기에 내놓는다. 우리는 그 경기들을 통해 새로운 트렌드를 파악하고 따라 해보며 팀에 맞게 변화를 주곤 한다. 그런 흐름이 20년간 코치로 생활하면서 계속 되풀이됐다.

새로운 농구 관련 지식을 만나면 반갑기도 하지만, 한편으로 이런 생각도 든다. 이런 깨우침을 이제야 얻게 된 것은 하루가 다르게 더욱 많은 양의 정보가 생산되어서일까, 아니면 이제까지 내 정보량이 부족했던 것일까? 미래학자이자 건축가, 발명가였던 리처드 버크민스터 풀러(Richard Buckminster Fuller)는 인류의 지식 총량이 100년마다 두 배씩 증가해왔고, 더욱 빨라지고 있다고 했다. 농구의 발전 역시 그런 비슷한 속도로 진행되고 있는 듯한 느낌이다.

어쨌든 외국인 선수 선발을 위해 미국 농구를 보러 가거나 인터넷 등지에서 해외의 최신 정보와 경기 영상 등을 접하는 동안 새롭고 명쾌한 아이디어를 주는 공격 패턴을 만나면 내 눈과 머릿속과 마음은 자동으로 즐거워진다. 하지만 그때부터 우리 팀 스타일과 선수들에 맞춰 적절히 써먹을 수 있도록 변경하고 적용해보려는 고난의 작업이 시작된다. 이것도 나름대로 코치라는 직업의 직업병이라면 직업병일 수 있겠다.

때로는 화려해 보이고 팬들의 눈을 즐겁게 해주는 장면을 연출할 수 있는 공격 패턴을 스스로 만들어도 봤고, 우리보다 앞선 리그에서 유행하는 전술들을 그대로 베껴 쓰기도 해봤다. 하지만 항상 승리나 공격 성공으로 연결되지는 않았다. 가끔은 내 역량이 아직 부족하다는 느낌이 들기도 한다. 물론 그만큼 새로운 패턴이나 전술을 창조하기 쉽지 않은 것도 사실이다. 그리고 기껏 공들여 만들어도 실전에서 효과적인지는 또 별개의 문제다.

성공적인 공격은 승리를 위한 기본조건이 되어야 한다. 자신의 팀을 잘 알고 확률 높은 시도가 되어야 한다. 그래서 다른 팀에서 유용하게 써먹은 전술이 우리에게 잘 맞지 않을 가능성이 훨씬 높다. 한때 예전 시카고 불스와 LA 레이커스를 NBA 챔피언으로 만들었던 전법인 트라이앵글 오펜스를 몇몇 국내 팀에서 시도한 적 있었다. 하지만 대부분 그 공격을 위력적으로 만들지 못했고, 수비하기도 별로 어렵지 않았다.

필 잭슨 감독의 레이커스 시절 트라이앵글 오펜스 기술 코치였던 텍스 윈터 코치와

2004년 레이커스 훈련장에서 텍스 윈터(Tex Winter) 코치를 만난 적 있다. 그는 필 잭슨 감독의 코치진에서 이 트라이앵글 오펜스를 실제 지휘했던 코치다. 텍스 윈터의 말에 따르면, 이 패턴의 성공은 농구에 대한 이해도와 구성원들의 특별함과 밀접한 관계가 있었다. 마이클 조던이나 코비 브라이언트(Kobe Bryant) 같은 선수가 있어서

가능했다는 의미로 들렸다.

여담이지만, 지난 시즌 우리 팀에서 스킬코치로 활약했던 타이론 엘리스(Tyrone Ellis)는 이전에 뉴욕 닉스(New York Knicks) 구단 산하 디-리그 감독 면접에서 필 잭슨과 인터뷰한 적 있는데(필 잭슨은 2014년부터 닉스 구단 사장으로 재직 중이며, 닉스의 디-리그 팀 웨스트체스터 닉스는 2014년에 창단했다.), 그의 질문 중 하나가 트라이앵글 오펜스를 지도할 수 있는가였다고 했다. 필 잭슨의 가슴속 깊은 곳에는 여전히 그 패턴에 대한 향수가 남아있는 것 같다.

농구 오펜스의 기본 원리

뻔한 질문을 하나 해보자. 어떻게 하면 득점을 많이 할 수 있을까? 먼저, 경기에서 더 많은 득점 기회를 얻어야 한다. 그리고 슛의 성공률을 높여야 한다. 마지막으로 확실한 득점원을 보유하고 있어야 한다. 누구나 할 수 있는 아주 쉬운 대답인가?

더 많은 슈팅 시도와 확률 높은 득점 기회, 확실한 득점 경로 세 가지는 농구에서 공격의 기본임과 동시에 팀의 전략을 짜고 그에 맞춰 훈련하기 위한 근거나 마찬가지다. 그리고 세 가지 항목 모두에서 원하는 만큼 성과를 거두려면 엄청난 공을 들여야 한다.

이미 수비와 리바운드의 중요성에 관해서는 한 번 짚고 넘어간 바 있다. 농구는 공격권을 주고받는 운동이다. 한 차례의 수비 성공, 또는 한 차례의 리바운드 쟁취는 우리 팀의 공격 기회를 한 번 늘리거나 상대 팀의 공격 기회를 한 번 줄이는 (때로는 두 가지 다에 해당하는) 일과 같다(수비에 관해서는 다음 장에서 더 자세히 이야기한다).

숏 성공률을 높이는 작업은 두 가지다. 당연히 선수 개인의 슈팅 능력을 향상해야 한다. 그래서 끝없는 반복 연습을 통해 슈팅 자세와 정확성을 가다듬는 작업은 아무리 강조해도 지나치지 않을 만큼 중요하다.

기술적 훈련뿐만 아니라 전술적 훈련도 필요하다. 될 수 있으면 어려운 숏보다는 쉬운 숏을 골대와 가까운 위치에서 수비수가 있을 때보다 노마크일 때 숏을 시도하면 득점 성공률은 높아진다. 양질의 숏을 던질 기회를 찾기 위해서는 선수의 판단력과 경험도 중요하지만, 스크린이나 패스워크, 볼이 없을 때 움직임(off-the-ball

현대 농구에서 2대2 패턴 플레이는 거의 공격의 정석처럼 여겨진다.

move) 등과 같이 개인전술 및 부분전술도 필요하다.

확실한 득점원을 만드는 방법 역시 크게 두 가지로 나눌 수 있다. 하나는 득점력이 뛰어난 선수를 영입하거나 키우는 방법이다. 하지만 선수의 능력은 일정 부분 코치의 책임을 넘어서는 문제이기도 하므로, 길게 언급하지 않겠다.

물론 예전에는 소위 득점력 있는 '에이스'에게 볼 소유 시간을 최대한 많이 주고, 최대한 많은 득점을 올리도록 지원해주는 스타일의 농구가 주류를 이뤘다(이런 방식은 현대 농구에서도 일부 통용되고 있다). 하지만 최근에는 팀 전체 또는 부분전술을 이용하는 '패턴 플레이'의 비중이 많이 높아졌다.

특히 2-2 플레이 패턴은 요즘 전 세계적으로 가장 유행을 타는 전술이며, 연구가 많이 되는 중이기도 하다. KBL도 용병의 개인 능력에 많이 의존하던 초창기 모습에서 탈피, 외국인 선수와 국내 선수, 또는 국내 선수끼리의 2-2 패턴 플레이가 많아지면서 훨씬 공격이 다양해졌다.

그러나 코치에게 가장 필요한 전술은 자신이 지도하는 선수들의 공격이 상대 수비에 무력화되지 않도록 하는 전술이다. 공격수는 득점을 포획하는 '사냥꾼'이 되어야지, 상대 마크맨에게 잡혀먹히는 '사냥감'이 되어선 안 된다. 그러므로 어떤 유명한 농구감독의 공격 이론이나 전술을 참고할지는 자신의 기호나 팀의 상황에 맞게 선택하자. 단, 어떤 공격 스타일과 전략을 활용하든 선수들이 세부 전술 단계까지 완벽히 숙지하고 실전에 백 프로 활용해서 '득점을 낚아채도록' 하는 것이 가장 중요하다.

어떻게 연습할 것인가?

먼저, 존 칼리파리 감독의 말을 빌려 기본적인 훈련법을 소개한다.

"우리만의 공격 스타일을 만들고 실행하려면 연습 과정에서 우리가 원하는 전술 플레이가 어떻게 작동하는지 선수들의 머릿속에 분명히 각인되도록 할 필요가 있다. 나는 우리 팀의 공격 전술을 몇 단계로 나눈 뒤, 부분별로 실행해보곤 한다. 수비수 없이 공격 상황에서 각 선수가 자신의 이동 경로를 따라 움직이는 훈련을 매일 반복한다."

참고로 켄터키 대학의 공격 훈련에서 빼놓지 않고 진행되는 연습은 얼리 오펜스다. 수비수가 없는 코트에서 공격수들이 코트 위의 어느 위치로 달려가야 하는지를 강조하고, 상황에 따라 여러 선택사항 중 하나를 골라 적용할 수 있도록 세부전술을 조정한다. 이런 방식으로 선택사항마다 두 차례씩 반복하는 연습을 매일 한다.

그 과정을 요약하면 이런 식이다. 처음 5~10분 동안 코트 전체를 활용해서 팀이 가장 잘하고 익숙한 패턴으로 속공과 얼리 오펜스를 수비 없이 다섯 가지 정도 반복한다. 먼저, 어떤 플레이를 할 것인지 선수들에게 보여주고, 약속된 전술 패턴을 펼칠 때 선수마다 두세 가지 역할을 주문한다. 그 주문에는 각 선수가 슛을 던져야 할 위치와 공격시간 20초 동안 상대를 무력화할 수 있도록 스크린을 걸어주는 역할 등도 포함된다. 이 전체를 두 차례씩 반복한다.

훈련 막바지에는 앞서 연습한 내용 중 두세 부분을 골라 5대5 미니게임 형태로 공격과 수비를 나눠 5분씩 플레이한다. 공격자 팀뿐만 아니라 수비자 팀에도 게임에서 이기기 위한 목표를 정해준다. 중간에 4~5분 정도 정비하는 시간을 두고 전술을 효과적으로 운용했는지 논의하며, 필요하면 일부 수정을 가한다.

이렇게 팀 자체에서 스크리미지를 만들어 실전처럼 훈련하면 선수 모두가 일관성 있게 작전을 이해하고 수행하는 능력을 키울 수 있다. 장기적으로 도움이 되며, 당장 준비해둔 전술 패턴을 실전에 활용할 수 있도록 다듬고 훈련하는 데도 좋은 방법이다. 하지만 이는 선수들의 이해도와 팀워크를 향상하는 연습이기도 하므로 너무 과하게 몰아치기보다는 한 번에 한 부분씩 고쳐나가도록 하자.

공수전환 시에 전력질주 습관은 상대 수비를 흔들고 좋은 득점을 만든다.

이제부터는 공격 전술과 연습법에 관해 설명한다. 먼저, 농구에서 가장 기본적인 네 가지 공격 방식에 관해 간략히 살펴본다. 그네 가지는 얼리 오펜스(Early offense)과 모션 오펜스(Motion offense), 세트 오펜스(Set offense), 1대1 또는 맨투맨 공격으로 알고 있는 아이솔레이션(Isolation)이다. 그리고 창의적 전술 운용이 가능한 셔플 오펜스(Shuffle offense)와 그 훈련법에 관해서도 이야기한다.

얼리 오펜스의 활용

이야기 나온 김에 얼리 오펜스부터 시작하자. 얼리 오펜스, 혹은 2차 속공(Secondary Break)은 쉽게 설명하자면 상대 수비가 진형을 제대로 갖추기 전에 공격을 시도하는 전술이다.

농구에서 얼리 오펜스의 활용과 전술적 차별화는 중요한 전략적 접근이다. 좋은 득점 기회를 만들 확률 높은 공격법이어서도 그렇지만, 우리 팀의 공격 방식이 다르다는 사실을 상대에게 일깨워서 우리 전술에 대비하게 하는 것만으로도 충분히 위협이 된다. 우리 팀 전술을 대비하는 데 더 많은 시간을 들여야 한다는 의미는 그만큼 상대가 자신을 준비할 시간이 적어진다는 것과 마찬가지기 때문이다. 그래서 골을 먹든 먹지 않든 간에 우리 팀이 공격으로 전환하는 과정을 시스템화 및 전술화해두면 공격에서 얻는 이점은 배가될 것이다.

얼리 오펜스로 확실한 슈팅 기회와 득점을 만들기 위한 가장 중요한 요소는 전력질주다. 그냥 달리기나 뛰기가 아니라 '전력질주' 란 단어를 썼다는 점에 주목하자. 빠르게 상대 코트로 침투(sprint the floor to explore)할수록 레이업 슛이나 오픈 점프 슛으로 이어질 확률은 높아진다. 상대 선수 중 누군가 전력으로 백코트 하지 않는 다면, 바로 그 위치에서 슈팅 기회가 생긴다.

물론 상대가 모두 빠르게 백코트 한다면 즉시 좋은 슈팅을 할 수 없을지도 모른다. 그렇다 해도 볼을 돌려 골밑을 노리거나 미스매 치를 만드는 등의 패턴을 추가해서 슈팅 기회를 더 만들 수 있다.

얼리 오펜스 전술이 성공한다면 자유투 싸움에서도 이길 수 있 다. 자유투 싸움에서의 승리는 상대보다 더 많은 자유투 기회를 얻 는다는 의미다. 선수 전원이 조직적으로 코트 위를 전력질주하는 동안 상대 수비는 어떻게든 반응하기 마련이다. 공격이 수비보다 더 빠르게 움직이면 수비수는 공격수를 따라오지 못하거나 파울을 범할 수 있다. 그 밖에도 상대 코트에서 공격적인 모습을 보여주다 보면 얻을 수 있는 이점이 많으므로 항상 적극적으로 밀고 들어가 려는 시도를 늦추지 말자.

모션 오펜스

얼리 오펜스에서나 코트의 다른 방향으로 볼을 돌리는 동안 양 질의 슈팅 기회를 얻지 못했다면, 곧바로 이어가야 할 전술은 모션 오펜스다. 모션 오펜스를 사용하는 가장 중요한 목적은 선수들에게 자유롭게 경기를 운영할 기회를 주는 것이다. 코치는 그저 선수들에게 농구란 운동을 시키는 사람이 아니라 농구경기를 운영하는 방법을 가르치는 사람이 되어야 한다. 그런 관점에서 선수의 개인기술뿐만 아니라 팀 전체가 성장할 수 있는 전술의 선택은 아주 발전적인 의사결정이다.

얼리 오펜스를 통한 득점 기회는 항상 생기지 않고, 방어할 수 없는 전술도 아니다. 미리 약속한 세트 플레이만으로 팀의 모든 득점을 얻을 수도 없다. 이 두 가지 전략을 사용할 수 없거나 상대에게 잘 먹혀 들지 않을 때는 모션 오펜스의 활용이 효과적일 수도 있다.

모션 오펜스는 네 가지 역할로 구분된다. 스크리너(screener)와 볼 핸들러(ball handler), 포스트 플레이어(post player), 커터(cutter) 등이다. 모션 오펜스를 처음 훈련할 때는 두 명의 공격수가 이 네 가지 역할을 각각 수비 없이 연습하고, 그다음에는 두 명의 공격수가 두 명의 수비수와 함께 연습한다. 이 과정이 익숙해지면 4대4 및 5대5 연습으로 넘어간다. 이런 순차적 연습을 운동의 연속성 차원에서 반복할 수 있게 훈련 일정을 수립하자.

선수들은 모션 오펜스의 네 가지 역할을 모두 습득해야 한다. 코트 위의 선수 전원이 모든 임무를 수행할 줄 안다면 모션 오펜스의 최대 강점인 창의적 공격 가능성을 최대한 높일 수 있다. 또한 농구에서 가장 효과적인 공략법 중 하나인 미스매치를 유발하기도 쉬워진다. 예를 들어 큰 선수가 포스트에서 패스를 공급할 수 있거나, 가드가 포스트 업 플레이를 할 수 있다면, 공격은 더욱 다양한 모습으로 전개되고, 수비의 입장에선 더욱 곤란해질 것이다.

또한 모션 오펜스 훈련을 통해 습득한 기술들은 미리 약속해둔 세트 플레이에 적용해도 좋을 가치 있는 자산이 된다. 선수들이 모션 오펜스를 충분히 활용할 수 있는 수준에 도달하도록 노력할 필요가 있다는 의미다.

세트 플레이

얼리 오펜스와 모션 오펜스로 효과적인 슈팅과 득점을 만들 수 없을 때를 대비해서 미리 세트 플레이 전술을 만들어두고 훈련하는 과정은 실전 경기를 준비할 때 필수다.

일반적으로 빠른 공수전환이나 얼리 오펜스는 공격시간의 최초 10초 내외를 사용하는 전술이다. 따라서 공격시간 10~15초 안에 팀 공격을 만들지 못하거나 적절한 득점 기회를 얻지 못했다면, 남은 시간에 추가 슈팅 기회를 노리기 위해 약속된 전술이 있어야 한다.

그렇다고 해서 이 세트 플레이의 개념을 공격의 차선책 정도로만 생각하면 안 된다. 농구팀은 대부분 약속된 전술을 먼저 활용하고, 그 전술이 실패했을 때 모션 오펜스를 구사하는 식으로 공격의 전체 전략을 구성한다.

다시 한 번 강조하자면, 코치는 실전 경기 활용을 염두에 두고 팀 공격을 강하게 만들어야 하며, 여기서 핵심은 다른 팀과 차별화한 플레이라는 점이다. 그런 관점에서 미리 약속한 세트 플레이에 모션 오펜스를 더하는 작전은 기본적으로 상대가 우리 팀의 세트 플레이를 방어하는 데 큰 어려움을 느끼게 할 수 있다. 한 번의 공격시간에 여러 가지 전술과 패턴을 섞어주면 상대 수비가 공격을 예측하거나 반응에 집중하는 데 혼란을 주기 때문이다.

여기서 흥미로운 이야기를 한 가지 덧붙이자면, 알다시피 농구의 공격시간, 정확히 한 차례의 공격제한시간은 24초다. 이 규칙을 일찌감치 사용하기 시작한 NBA를 제외하면 대부분 30초 룰을 이용했지만, 24초 룰은 KBL에 1997년부터 도입됐고, 21세기로 넘어오면서 전 세계적으로 대세가 됐다. 공격시간을 6초나 줄인 이유는 당연히 '빠른 농구'를 위해서다. 24초는 아무리 빠른 육상선수라도 200m 이상 달리기 쉽지 않은 시간이니 말이다.

세트 플레이의 최대 성과는 결국 레이업 슛 득점이다.

그런데 24초는 정말 빠른 시간일까? 농구코치라면 대부분 그렇지 않다고 대답할 것이다. 많은 감독과 코치가 하나같이 경기 후 인터뷰에서 가장 큰 패인 중 하나로 집중력 부족을 꼽는다. 적당히 말을 돌리거나 핑곗거리로 하는 말이 절대 아니다. 실제로 중요한 요인이라서 그렇게 말하는 것이다.

특히 수비에 관해 이야기할 때 이 24초도 절대 짧은 시간이라고 생각해선 안 된다. 수비의 집중력이 24초 내내 100% 유지되지 않기 때문이다. 인간이 한곳에 집중적으로 몰입할 수 있는 시간이 8초니, 12초니 하는 연구결과도 있지만, 짧은 시간에 여러 가지를 살피고 판단해야 하는 농구의 특성 때문에도 수비수가 완전히 집중하기 어렵다. 이런 상황이 계속 왔다 갔다 반복된다는 점도 집중력을 흩트리는 요인이며, 유기적인 움직임과 조직력이 필요한 팀 수비는 더 말할 것도 없다.

나중에 또 이야기하겠지만, 팀의 공격과 수비가 집중력을 얼마나 오래 가져가느냐는 좋은 결과를 얻기 위한 우선 과제나 다름없다. 나 역시 수비 훈련 중에, 특히 1대1 수비 연습할 때는 선수들에게 '자신의 전담 공격수에게 5초만 집중해달라'는 주문을 많이 한다. 농담이 아니라 진짜로 한 공격수를 5초만 꼼짝 못하게 묶어둘 수 있으면 그 선수에게는 볼이 전달될 수 없다. 결국, 볼은 다른 선수에게로 이동하거나 한곳에만 정체된다. 이것만으로도 그 수비수는 수비에 성공한 게 된다.

다시 세트 플레이 이야기로 돌아와서, 원래 성공적인 세트 플레이의 최종 단계이자 목적은 — 그냥 점프 슛이 아니라 — 레이업 슛 득점이다. 물론 점프 슛을 시도하기 위한 세트 플레이가 전혀 없거나 비효율적이란 이야기는 아니다. 예를 들어 3점 슛 기회를 얻기 위한 세트 플레이는 경기 중에 자주 활용한다. 어찌 보면 유일한 점프 슛 세트 플레이라고 할 수도 있지만, 국제대회와 KBL을 포함한 국내 경기에서는 매우 중요한 작전임에 틀림없다.

세트 플레이 전술의 가장 큰 장점 중 하나는 우리 팀 선수 개개인의 체력과 능력을 최대한 이용할 수 있게 전술을 디자인해서 맞춤형 플레이를 구사할 수 있다는 점이다. 그래서 선수들 모두가 코트 위에서 명확한 목적을 갖고 움직일 수 있게 해준다.

예를 들어 주로 백도어나 리버스 컷 등의 패턴에 쓰는 로빙 플레이(lobbing play, 공을 머리 위로 패스하여 볼을 잡게 하는 플레이)는 공격수에게 민첩성을 많이 요구하는 플레이다. 이런 작전은 활력이 떨어지거나 반사신경이 좋지 않은 선수에게 배당하면 현명한 결정이 아닐 수 있다. 물론 각 선수의 체력 안배와 약점을 보완할 수 있도록 전술 전체를 조정하고, 경기 중에도 상황이나 선수들의 컨디션에 맞게 활용 빈도를 조절하는 것도 코치의 몫이다.

세트 플레이 전술은 상대의 약점 공략에 유용하다. 예를 들어 상대 팀 선수 다섯 명이 우리 팀의 외곽 플레이를 제대로 방어하지 못한다는 사실을 파악하면, 미리 준비한 세트 플레이 중에서 외곽을 중심으로 공격하는 전술을 골라 사용하기만 하면 된다. 어차피 상대가 간파하고 대응책을 마련하기 전까지는 우리만 알고 상대는 모르는 작전이다(때로는 알아도 막을 수 없을 때도 있다).

코치 중에는 모션 오펜스를 펼치면서 발견한 상대의 약점에 관한 논의나 그에 맞는 대응전술 지시가 어려운 일이라 생각하는 사람이 꽤 있다. 하지만 세트 플레이가 충분히 준비된 팀이라면, 말로 하는 지시 없이 그저 간단한 수신호 정도로 상대의 약점을 공략할 수 있다. 그러니 세트 플레이에 관한 꾸준한 분석과 연구, 공부를 통해 창의적인 전술을 개발함과 동시에 상황에 맞게 과감히 활용하자.

더 나아가서 선수들의 서로 다른 특징을 이용할 수 있게 세트 플레이 하나당 2~3가지 옵션을 둔다. 코트에 나가 있는 5명의 선수를 모두 활용하면 가장 이상적일 것이다. 하지만 일반적으로 두 명, 많을 때는 네 명의 선수가 득점 기회를 얻을 수 있게 패턴을 구성한다. 앞서 언급했던 거위 철학을 기억하는가? 다섯 명의 거위 중 줄곧 선두에서 동료를 이끌었던 거위는 쉽사리 피곤해진다. 그래서 또 다른 거위가 대형 앞으로 나설 필요가 있다.

세트 플레이에 다양한 옵션을 붙이면 여러모로 유용하다. 보통 수비 전술을 디자인할 때는 상대 팀 주요 타깃의 무력화를 최우선 목표로 삼는다. 그래서 세트 플레이 하나에서 몇 가지 옵션을 돌려 쓰면 굳이 다른 추가 작업 없이도 상대 수비를 뿌리부터 흔들 수 있다. 개인적으로도 이런 방식으로 약속된 플레이를 만들어 우리 팀의 주요 득점원만 집중적으로 노리는 상대에게 항상 좋은 성적을 거두곤 했다.

보통 프로팀 감독들은 한 시즌에 8~12종류의 약속된 전술을 사용한다. 그리고 시즌 말로 가면 그 가짓수가 6~8종류 정도로 정리된다. 이렇게 되는 이유는 한 게임에 쓸 수 있는 전술이 많아야 20가지 정도밖에 안 되기 때문이다. 여기에는 얼리 오펜스나 모션 오펜스, 그리고 공간을 활용한 공격이나 1대1 공격 등으로 득점을 올리는 전술도 포함된다.

이 20가지가 별거 아니라 생각하면 큰 오산이다. 각 플레이에는 일반적으로 (슈팅을 시도하는 선수를 기준으로) 2~3개의 옵션이 따라붙는다. 또한 상대가 구사할 수 있는 몇 가지 방어법에 효과적으로 대처할 수 있도록 응용 방안도 만들어야 한다.

팀에 알맞은 플레이를 디자인하고 시험하고 훈련을 거쳐 익숙해지는 데는 적지 않은 시간이 소요된다. 일반적으로 프로팀들은 이 과정을 약 6개월 동안 준비한다.

그렇게 세트 플레이를 완성했다고 해서 모두 다 성공하지도 않는다. 시간이 흐를수록 효과적인 득점이 어려운 전술이 발견되기도 한다. 당연히 추려내야 한다. 그래서 보통 팀 내부에서 연습경기를 할 때는 그때까지 준비해둔 주요 세트 플레이 패턴에 대항하는 디펜스 팀을 구성해 진행하기도 한다. 좋아 보이는 전술을 무조건 채택해서 그대로 써먹지 말고 팀에 맞게 적절히 조절하자. 선수들이 코치가 원하는 대로 실행할 수 있게 알맞은 전술을 디자인하자.

아이솔레이션

아이솔레이션은 그리 자주 사용되는 전술은 아니다. 선수들의 운동능력이 더욱 발전했고 기량 차가 크지 않은 요즘 농구에서는 확실히 예전보다 1대1 공격 비중이 많이 줄어들긴 했다.

그러나 1대1 공격은 개인기술 측면에서 공격수가 갖춰야 할 기본 능력이며, 기본 능력인 만큼 경기 중에도 당연히 사용된다. 가장 대표적인 경우는 공격시간이 5초 정도밖에 남지 않았을 때다. 속공이나 모션 오펜스, 세트 플레이로 득점 기회를 얻지 못했거나, 상대 수비에 막혀 패턴을 약속한 대로 실행하지 못했다면, 공격제한시간을 넘겨 바이얼레이션을 범하기 전에 마지막으로 고를 수 있는 전술이기도 하다.

보통 아이솔레이션 공격은 팀에서 개인 능력이 가장 뛰어난 선수에게 볼을 건네주고, 그 선수가 슛을 쏠 수 있도록 공간을 만들어주거나 스크린을 걸어서 수비수를 걷어내는 형태가 된다. 최고의 상황은 그렇게 해서 오픈 슛 기회를 얻는 것이고, 그렇지 못하더라도 남은 짧은 시간 동안 선택할 수 있는 가장 좋은 슈팅 환경을 만들자는 것이다. 앞서 농구경기에서 득점 확률을 높이는 방법을 언급했지만, 확률 높은 지역에서 득점 능력이 더 좋은 선수에게 볼을 주고 확률 높은 슈팅을 시도할 수 있게 하려는 노력은 굳이 길게 설명하지 않아도 될 기본 중의 기본이다.

아이솔레이션은 이제 주류 공격 패턴이라 하기 어렵지만, 1대1 기술은 여전히 농구의 필수요소다.

우리 팀 공격력은 어디쯤일까?

다음은 팀의 기본적인 공격 현황을 점검할 수 있는 항목이다. 자신의 팀이 강한지 판단하는 데 활용하자. 특정 전술을 활용할 때보다는 맨투맨 공격을 할 때로 가정하고 점검해보자.

- 전반적인 공격 전술이 인사이드와 아웃사이드, 공격/수비 리바운드, 공간 활용(floor spacing) 등에서 균형이 잡혀있는가? 그리고 모든 선수의 능력을 골고루 이용하는가?
- 공격 전술을 단계별로 구사할 수 있도록 정확한 방침을 정했는가? 공격 각 단계를 충분히 훈련하고 강조했는가?
- 전술의 키, 즉 각 패턴의 핵심사항은 선수들이 이해하기 쉽고 분명하게 정의되었는가?
- 현재 활용하는 공격 패턴과 움직임이 실제로 미스매치 유발에 도움이 되는가?
- 선수들의 기동성은 얼마나 기대할 수 있는가? 예를 들면 셔플 오펜스의 보완을 위해 인사이드 공략 위주의 세트 플레이를 추가로 준비해서 사용해야 하는가?
- 외곽과 내곽의 옵션이 서로 보완관계에 있는가? 예를 들면 3점 슛 옵션이 미들 슛 거리에 있는 상대 수비의 주의를 돌리고 골밑 공간을 넓힐 수 있는가? 또는 인사이드로 파고드는 옵션이 위크사이드(weak-side, 골대를 기준으로 코드를 절반으로 나눴을 때 상대 수비수가 적은 공간)나 노 마크 상황을 유발하고 3점 슛 가능 지역을 확대하는가?
- 선수를 적절히 운용하는가? 예를 들면 포인트가드는 자신의 임무를 완수하고 있는가? 또는 공격 시 전방에 2명의 가드를 세우고 있는가?
- 외곽 슈터를 얼마나 활용하는가? 예를 들어 중장거리 슈팅이 아주 뛰어난 선수가 있으면, 그를 전술적으로 충분히 활용하는가?
- 선수들에게 3점 슛을 어느 정도 강조하고 있는가?
- 수비가 강한 압박을 펼쳤을 때 대항할 수 있는 다양한 방법이 준비되어 있는가?
- 공수전환의 밸런스와 백코트를 쉽게 하는 간편한 규칙이 있는가? 예를 들면 누가 리비운드를 하고 누가 빨리 복귀해야 하는지 분명하게 정해져 있는가? 다시 말해서 공수전환에 관한 전술적 준비까지 되어있는가?

따라서 1대1 상황에서의 개인기술을 향상하기 위한 연습은 필수며, 정규 훈련시간 전후에 따로 개인 연습시간을 갖는 것도 좋다. 어떤 코치들은 1대1 공격을 개인 연습으로만 해결하려는 경향을 보이기도 하는데, 팀 전체 측면에서 준비해야 할 부분도 당연히 있다. 1대1 공격을 시도할 선수를 위한 스크린 연습은 기본이고, 공격 시간 막바지에 상대 지역방어를 대비하는 훈련도 해야 한다. 또한 7초 이내에 공격을 마무리 지을 수 있는 아이솔레이션 전술을 미리 한두 개쯤 만들어 연습해둬도 좋다.

아이솔레이션 공격에서 코치가 유의해야 할 점은 어떤 상황에서든 '히어로(hero)' 슛을 고려사항에 넣지 말라는 것이다(여기서 히어로 슛은 10m 이상 되는 거리에서 쏘는 슛을 말한다). 이 슛은 성공하면 그 경기의 영웅이 되거나 적어도 관중의 흥분을 끌어낼 수 있고, 실패하더라도 불가능한 슛을 '거의 성공한 거나 다름없다'는 격려를 들을 때가 많다. 그래서 이를 싫어하는 선수들은 거의 없고, 위험성이나 부담 없는 (전반 또는 1~3쿼터의 버저비터 등과 같이) 상황에서 던지면 성공률도 꽤 된다(재미 삼아 이 슛을 틈틈이 연습하는 선수도 많다).

그러나 다른 공격 전술보다 득점 확률이 현저히 떨어지는 것도 사실이라 굳이 가능성 낮은 선택을 할 필요가 없다. 잘못하면 너무 급하게 서두르거나 자포자기하는 것처럼 보일 수도 있으며, 상대 수비의 자신감을 높이고 우리 팀의 공격 흐름과 의지를 스스로 꺾는 원인이 될 수도 있다. 그러니 아무리 나쁜 상황에 놓이더라도 히어로 슛을 주문해서는 안 된다.

셔플 오펜스

셔플 오펜스는 볼이 사이드라인 방향으로 향했을 때, 볼을 소유한 공격수가 커트-인이나 스크린을 이용해 골대 방향으로 움직이면서 상대 수비에 끊임없이 위협을 가하는 공격 전술을 말한다.

돌파를 이용해 득점을 올리는 개인전술, 또는 부분전술의 일종이라고도 할 수 있지만, 상대가 헬프수비를 하러 골밑 또는 공격수에게 접근하는 걸 역이용, 위크사이드에서 슈팅 기회를 만드는 부가 효과를 노릴 수도 있기 때문에 그 활용성과 응용도는 매우 높다. 호환하기 쉽고 연속성 있다는 장점 덕분에 속공처럼 쉽게 사용할 수 있고, 긴 패스에 취약한 팀도 시도할 수 있는 전술이다(물론 이 전술을 구사하기 위해 속공까지 포기할 필요는 없다).

또한 이 오펜스는 가드가 인사이드로, 포워드와 센터가 3점 라인 근처로 움직이면서 공격을 끌어갈 수도 있으므로 상대 수비는 빠른 템포의 공격을 방어하는 데 어려움을 겪는다. 신체적으로 파워는 부족하나 영리한 선수가 많은 팀에서 셔플 오펜스를 훈련해 활용하면, 상대 팀의 수비 시간을 늘리고 수비에 치중하는 효과도 얻을 수 있다. 상대의 수비 파울 역시 증가한다.

셔플 오펜스 전술 운용에 관한 설명은 명예의 전당에 헌액된 오클라호마 대학 농구팀의 전설 브루스 드레이크(Bruce Drake) 코치의 전술과 훈련법에서 일부 참조했다.

훈련은 역할에 따른 개인 훈련으로 시작해 하프코트 훈련과 풀코트 훈련의 순서로 진행한다. 셔플 오펜스를 처음 배우는 선수들을 지도할 때는 개인 훈련량과 내용을 완벽히 숙지했는지 확인한 뒤에 개인 훈련에서 하프코트 훈련으로 넘어가자. 마찬가지로 하프코트에서 팀 전술과 패턴 활용법을 완벽히 숙지한 뒤에 풀코트 훈련으로 넘어간다. 물론 전 과정을 다 익힌 뒤나 대학 이상의 숙련된 선수들을 코칭할 때는 한 차례의 연습시간에 순차적으로 전 과정을 훈련하는 방식도 괜찮다.

특히 커트-인 플레이는 느린 속도로 확실히, 그러나 정확하게 연습할 수 있도록 지도하자. 익숙해지면 실제 경기 속도에 도달할 때까지 속도를 점차 높인다. 선수들이 대면할 수 있는 다양한 수비 전술에 전부 대응할 수 있도록 모든 공격 반응 동작을 가르친다.

다음은 셔플 오펜스 훈련에서 기본적으로 확인해야 할 사항이다.

- 셔플 오펜스의 구성요소를 정확히 가르치기 위해 단계별로 훈련한다.
- 팀 전술 시행에 관한 기본사항을 개별 선수마다 가르치고 실행할 수 있게 한다.
- 코치마다 지도할 그룹을 할당한다.
- 아무것도 하지 않은 채로 그냥 서 있는 선수가 없도록 한다. 선수들은 훈련을 통해 배운다. 팀 규모에 맞춰 적정한 수의 공과 골대를 이용하자.

- 단순히 이렇게 저렇게 움직이라고 지시만 하지 말고 이유와 방법을 설명한다.
- 반복훈련은 배움을 가속한다. 선수들에게 숙제를 많이 내주자. 전 시간에 배운 내용을 복습하고 오늘의 진도를 나가며 다음 시간에 배울 내용을 예습해오게 하자.

● 하프코트 훈련

패턴을 부분으로 나눠 단계적으로 훈련한 뒤, 수비 없이 패턴을 한 차례 전개해본다. 그리고 다음 선택에 따라 슈팅을 던지는 과정까지 이어서 연습한다. 공격 템포와 밸런스, 위치 선정과 리바운드 등 패턴의 성공적 수행에 연관된 사항도 이 훈련 단계에서 미리 강조한다.

- 패턴을 한 라운드 전개하는 동안 첫 번째 로우 커트(low-cut)에서 바로 슈팅한다.
- 패턴을 한 라운드 전개하는 동안 코트 반대편으로 가로지르는 크로스코트 패스(cross-court pass)를 한다. 패스를 받은 선수는 곧바로 3점 슛을 시도한다.
- 패턴을 한 라운드 전개하는 동안 크로스코트 패스를 한다. 패스를 받은 선수는 3점 슛을 시도하는 척하고 바로 베이스라인을 따라 돌파를 시도한다.
- 패턴을 한 라운드 전개하고 외곽의 포인트가드에게 공을 높게 패스해 원위치한다.

다음으로 상대 수비가 압박을 가했을 때의 기본 대응법을 가르치고 수비 없이 반복한다. 선수들에게 압박에 대비해야 하는 이유도 알려주자.

하프코트 훈련을 어느 정도 진행한 뒤에는 수비수들을 세우고 5-5 훈련을 진행하자. 선수들이 어느 정도 익숙해졌다고 판단하면 '가로채기 게임(shuffle keep-away)' 같은 훈련도 좋다. 이는 기본적인 하프코트 경기 방식을 이용하며, 벤치 팀의 선공으로 시작한다. 수비팀이 가로채기하면 5점, 득점은 2점, 슛 미스로 수비팀이 리바운드 시 -5점이다. 득점한 팀이 공격권을 계속 갖고, 상대방에게 빼앗길 때까지 계속 보유한다. 50점 득점 시 승리한다.

● 풀코트 훈련

풀코트 연습경기로의 전환은 점진적으로 시행한다. 다음은 효과를 극대화할 수 있는 연습 진행 단계다.

- 하프코트에서 풀코트로 (공격으로 시작하고 수비로 바꾼다.)
- 하프코트에서 풀코트로 (수비로 시작하고 공격으로 바꾼다.)
- 풀코트 훈련 (이때, 속공은 될 수 있으면 지양한다.)
- 공격팀이 득점하면 볼 소유권 유지하고 실패하면 수비팀이 속공 시도
- 풀코트 연습경기

풀코트 훈련의 핵심은 짧고 강도 높은 연습경기시간을 갖는 것이다. 코치는 앞서 설명한 방법으로 경기의 시나리오를 먼저 만들자. 다음과 같이 구체적으로 정할수록 좋다. 필요하다면 게임시계와 스코어보드를 활용해도 괜찮다.

- 아주 강한 팀과 경기하고 있으며 종료 2분 전 3점을 앞선 상황에서 공격권은 우리가 갖고 있다.
- 상대적으로 힘이 좋은 팀과 경기하고 있으며 종료 2분을 남기고 5점을 뒤진 상황에서 공격권은 우리가 갖고 있다.
- 아주 강한 팀과의 경기를 방금 시작했으며 초반부터 경기 템포를 조절하고자 한다.

연습경기는 보통 감독이 주전 위주의 팀을, 코치가 벤치 위주의 팀이나 디펜스 팀처럼 특정 역할을 수행하는 팀을 맡는다. 연습경기 전에는 항상 경기시간을 설정하며, 끝난 뒤에는 반드시 평가의 시간을 곧바로 가진다. 이 시간에 코치와 선수들이 나누는 이야기는 체험으로 습득한 최고의 정보가 된다.

또한 각종 공격 단계를 뒷받침할 수 있도록 수비 연습을 병행해야 한다. 선수들에게서 반응 동작이 자동으로 나올 때까지 팀 훈련을 꾸준히 하자. 이런 과정을 매일 되풀이하다 보면 자연스럽게 단단한 정신 자세와 완벽한 전술 이해도, 충분한 체력을 모두 갖춘 팀이 될 것이다. 그리고 아무리 터프한 맨투맨 수비를 구사하는 상대를 만나도 위축되거나 끌려다니지 않을 것이다.

1. 일반적으로 셔플 오펜스를 수비할 때는 대부분 지역방어 전술을 택하므로 이 작전을 주로 쓰다 보면 상대의 지역방어 수비와 계속 마주하게 된다. 따라서 셔플 오펜스를 전략적으로 많이 활용하는 팀은 지역방어를 공략하고 깨는 연습을 간과해서는 안 된다.

매번 똑같은 연습을 되풀이하라는 의미가 아니다. 상대 팀은 우리의 공격 패턴을 파악하기 위해 스카우트(관전)를 통해 분석하고 연습하며 배운다. 이렇게 준비하고 실전에서 우리 팀의 다음 패스를 예견해 가로채기를 시도한다. 따라서 우리 팀도 전술적으로 패턴 변화나 완급 조절 등의 새로운 공략법을 준비해 선보임으로써 그들의 수비 리듬을 깨야 한다.

2. 수비가 좋은 팀은 우리의 셔플 오펜스를 방어하기 위해 공격수의 커트-인 플레이를 헤지(hedge, 공격수의 진로를 미리 차단하거나 움직임을 지연해 이동 타이밍을 놓치거나 늦추게 하는 플레이) 기술로 저지하거나 스크린을 스위치 하거나, 때로는 볼을 가진 포인트가드에 더블팀을 붙이는 등의 압박을 가한다.

따라서 우리 공격수들은 헤지에 스크린을 걸어주고, 부지런한 움직임으로 수비자가 등을 보이게 만들거나 베이스라인에서 백도어 스위치를 걸어주는 등의 부분 전술로 대응해야 한다. 더 나아가 더블팀 수비를 공략하기 위해 부분 압박 공격을 사용하는 것도 효과적인 방법이다. 공격이 수비를 압박할 수도 있음을 알아두자.

3. 속공을 등한시하지 않는다. 패턴에 많이 의존하는 팀일수록 느리거나 깊이 없는 플레이를 반복하는 경향이 있다. 절제된 속공,

또는 빠른 템포의 공격을 시도하자. 또한 패턴 플레이에도 다양한 변화를 줄 수 있도록 많은 훈련을 가한다. 셔플을 원활히 돌아가게 하려면 많은 양의 연습이 필요하다.

4. 팀 특유의 득점 경로나 득점원을 활용할 수 있도록 다양한 연계공격을 준비하자. 일반적으로 셔플 오펜스는 포인트가드의 손에서 한쪽 윙으로, 그리고 드리블에 이은 포스트 패스로 이어진다. 이런 정해진 패턴만 이용하지 말고 그 과정과 중간에 언제든지 다른 득점 경로를 찾아 볼을 돌리거나 새로운 수비 공략법을 만들 수 있다. 연구하기에 따라 얼마든지 다양하게 응용할 수 있다는 사실을 잊지 말자. 점프 슛 능력이 있고, 양쪽 발로 모두 피벗 플레이가 가능하며 패스와 드리블도 할 줄 아는 선수, 즉 전 포지션을 소화할 수 있는 선수를 커터 역할로 지정하면 더 나은 결과를 얻을 수 있을 것이다.

5. 셔플 오펜스를 활용하는 팀이 공격 리바운드와 수비 계획까지 전술적으로 명확히 정의해둔다면 공수 양면에서 더욱 시너지 효과를 얻을 수 있다. 예를 들어 1-4 포메이션으로 공격을 시작하고 어느 쪽이든 윙으로 볼을 넘겨준 뒤에 포인트가드를 '백코트'로 돌려보내거나, 또는 빠르고 기량 있는 선수를 위크사이드 쪽에 심어뒀다가 그 역할을 대신하는 방법 정도가 되겠다. 이 임무를 맡은 선수를 리바운드 경합에 참여시키지 않고 슈팅 상황에서 곧바로 백코트하는 영구적인 안전책을 사용할 수도 있다. 물론 이때 다른 선수들은 리바운드뿐만 아니라 상대 수비수에 우위를 점할 수 있도록 해야 한다.

6. 우리 팀의 강점을 이용하고 상대의 약점을 공략할 수 있는 확실한 슈팅 경로를 만들자. 필요하다면 상대가 알아채지 못하게 특정 이름으로 작전명을 붙여도 좋다. 특히 경기 막판 결정적인 상황에서 효과적으로 쓸 수 있도록 한다. 팀 내에서 선수들의 역할을 명확히 지정해준다. 그 역할을 수행하는 연습도 꼭 해야 한다.

새로운 작전은 항상 칠판(화이트보드 등)에 그려서 보여주고 선수들이 이해하도록 가르친다. 해당 전술이 훈련 과정에서 성공적이라고 판단된다면, 실전에 활용한다. 물론 이후로도 꾸준히 복습하고 연구를 통해 조금씩 완성도를 높이는 것은 필수다.

7. 어느 작전이나 마찬가지로 셔플 오펜스 역시 공격을 시작하는 첫 패스를 배분하고 압박수비를 극복하며 결정적인 패스와 드리블을 할 수 있는 기술과 능력을 겸비한 포인트가드가 중요하다. 해당 역할을 맡을 선수가 확실한 패스 배분과 득점 연결을 할 수 있게 매일 반복연습을 지시하자.

그 임무를 혼자 짊어질 만한 선수가 팀에 없다면, 두 명의 가드를 기용해서 양쪽 윙을 번갈아 담당하는 크로스 타입 패턴을 진행하도록 준비하자. 너무도 당연한 이야기지만, 가드가 코트 중간에서 볼을 뺏기면 상대에게 곧바로 점수를 허용하는 결과를 가져온다.

8. 팀에 알맞은 템포를 정하고 유지한다. 때때로 너무 빠르게만 시도하려는 경향이 나타나곤 한다. 커트는 경기 흐름과 공격 진행 방향의 변화, 상대 수비 등에 따라 적절한 속도로 해야 한다. 스크린을 넘어 볼을 향해 빠르게 커트-인하는 전술이 유리할 때가 있고, 지공과 공간 확보로 밸런스 위주의 경기 운영이 필요할 때도 있다.

이 밖에도 상대 팀의 전력에 따라 매번 전술적 조정이 필요하다는 점을 강조한다. 가장 기본적인 대응법은 오랜 이론인 롱/숏 게임이다. 신체조건이나 힘, 기술, 운동능력이 부족한 팀과 경기할 때는 가능한 한 플레이 회수를 늘리고 상대가 경기시간을 길게 가져가도록 한다. 이런 롱 게임은 압박수비와 속공, 빠른 숏 시도, 3점 숏, 자유투 등을 통해 가능하다.

이와 반대로, 재능이나 기술이 뛰어나거나 체력적으로 좋은 팀을 만나면 숏 게임이 바람직하다. 숏 게임은 우리의 공격시간을 최대한 활용해서 빈번한 스위치와 미스매치, 빠른 타이밍의 숏 자제, 수비 밸런스와 강화, 파울 자제, 압박수비 지양(경기 후반에 필요한 경우를 제외하고), 조직적인 속공 등을 시도한다.

요약하자면, 강한 팀에게는 상대 공격횟수를 줄이도록 최대한 길게 공격시간을 가져가는 지공을 하며, 약한 팀에게는 단순한 플레이로 최대한 공격횟수를 많이 가져가는 전략이자 공략 원리다.

목표 지향적인 수비 훈련

내 견해를 밝히자면, 적어도 수비 쪽을 공격보다 우선시해야 한다고 생각한다. 이에 관해서는 많은 철학과 이론이 있지만, 여기서는 NBA와 NCAA를 모두 제패한 적 있는 명장 래리 브라운(Larry Brown) 감독의 수비 철학을 일부 소개한다.

브라운은 지난 시즌까지 서던메소디스트 대학(Southern Methodist University, SMU)을 맡았다가 얼마 전 감독직을 내놓았다. 그는 여러 팀을 옮겨 다니며 항상 부진에 빠진 팀을 정상급으로 끌어올리는 탁월한 능력을 보이곤 했다. 매우 엄격한 강성 스타일의 코치라 간혹 불화설에 휩싸이기도 했지만, 많은 선수와 후배 코치로부터 '대부'라 불리며 가장 뛰어난 감독 중 한 명으로 꼽힌다. 여담이지만, 현재 연세대학 농구부를 지휘하는 은희석 감독이 미국 유학 시절에 그에게 코칭 수업을 받았던 적 있다.

우리가 소위 말하는 훌륭한 팀에서는 두 가지 공통적인 장점을 찾아볼 수 있다. 바로 수비와 리바운드다. 많은 감독이 경기에 이기기 위해 가장 중요한 부분으로 이 두 가지를 강조하는 이유다. 이 두 가지가 잘 이뤄지면 상대의 쉬운 레이업 슛과 세컨드 슛 기회를 크게 줄일 수 있다.

좋은 수비수가 되려면 다음 두 가지 사항을 항상 명심해야 한다.

- 선수 자신의 성격을 잘 알아야 하고,
- 자신이 맡을 선수를 잘 파악해야 한다.

먼저, 수비수가 자신이 수비 상황에서 어떤 능력을 발휘할 수 있는지 알고 있어야 한다. 예를 들어 자신이 풋워크가 느리거나 강한

래리 브라운은 역대 최초로 NBA와 NCAA에서 모두 우승을 거머쥔 감독이다.

체력을 소유하고 있다거나 등의 특징을 고려하면서 수비를 해야 하기 때문이다. 능력이 부족하고 의욕만 앞세우면 어느새 자신이 팀 수비의 구멍이 되어있을지도 모른다.

두 번째는 공격수의 특성 파악에 최선을 다해야 한다는 점이다. 예를 들어 슛이 좋은 선수인지 돌파를 즐기는 선수인지에 따라 그 공격수의 장기를 살리지 못하게 하는 수비 요령이 달라지기 때문이다. 특히 극단적인 선택을 해야 할 결정적인 상황이 발생하면, 그 기준에 맞춰 판단해야 할 수도 있다.

다음은 수비에 관한 몇 가지 일반론을 정리한 것이다. 실제 훈련에 앞서 선수들이 숙지하고 실전에서 그대로 따르게 하자.

1. 훌륭한 수비 플레이 하나는 좋은 공격 기회를 한 차례 얻게 해준다. 아주 단순한데도 경기 중에 선수들이 가장 쉽게 간과하는 원리 중 하나다. 먼저, 선수들에게 이 원리를 이해하고 명심하게 하자. 수비 성공은 쉬운 득점을 올리는 제일 좋은 방법이다. 가로채기나 상대 실책을 유발하는 플레이는 빠르게 공격으로 전환하거나 일인 속공으로 노마크 레이업 슛을 시도하는 등의 좋은 득점 기회를 만들 수 있다.

2. 우리 팀이 슈팅하는 순간마다 다음에 이어질 수비에 관해 생각한다. 예를 들면 이런 종류의 생각들이다.

- 이번에 우리는 골밑을 사수해야 해.
- 이번에 우리는 돌파를 저지해야 해.

- 이번에 우리는 속공을 허용하지 않아야 해.

경기를 많이 하다 보면 상대에게 연속 3점 슛을 허용하거나 포스트를 이용한 득점 또는 공격 리바운드를 계속 빼앗기는 등 속수무책으로 실점할 때가 생긴다. 이럴 때마다 팀원끼리 위와 같은 각오를 다지면서 상대가 이런 식의 흐름을 더 이어가지 못하게 마음가짐을 새로 다지는 자세는 중요하다.

3. 팀 파울 개수를 항상 기억하고, 수비 파울을 관리한다. 하프타임 전에 팀 파울을 6개 이상 범하지 않도록 선수들에게 가르친다 (참고로 공격에서는 반대로 전반과 후반 종료 4분 전까지 자유투 보너스를 얻을 수 있도록 상대의 팀 파울을 유도하게 한다).

농구에서 수비할 때 파울은 불가피하게 발생한다. 하지만 불필요한 파울은 중요한 순간에 아주 불리한 요소로 작용한다. 그래서 파울 관리는 요령 있게 할 수 있도록 훈련 때부터 개념을 잘 다져둬야 한다. 공격수에게 돌파를 허용할 때마다 습관적으로 파울로라도 저지하려는 선수가 간혹 있다. 보통은 경기를 준비할 때 이런 돌파의 허용을 예상해서 팀 수비 차원으로 보완하는 로테이션 같은 대비책을 세워두는데, 이런 경우 파울은 아주 잘못된 플레이다. 그리고 경기 상황에 따라서는 차라리 실점하더라도 절대로 자유투를 주지 말아야 할 때도 있다.

또 다른 사례로는 상대 공격수가 오픈 찬스에서 외곽 슛을 시도할 때 무리하게 달려나가 파울을 범해서 추가 자유투를 주는 선수가 있다. 농구경기에서 들어갈 가능성이 전혀 없었던 슈팅 동작에 파울을 하고 자유투를 허용하는 장면을 종종 봤을 것이다. 이는 개인에게나 팀에게나 몹시 나쁜 습관이다. 바스켓 카운트가 되면 4점을 실점하기도 하고, 극히 드물게 보너스 자유투의 리바운드까지 빼앗기면 5~6점 실점이 될 수도 있다. 이미 타이밍 상 늦었다면 차라리 얼른 박스아웃을 들어가는 습관을 갖도록 지도해야 한다.

그 외에도 성인이 되고도 실제 경기에서 무의식적으로 나오는 좋지 않은 버릇이 많이 있다. 이는 수비 훈련에서 일찌감치 고쳐줘야 한다. 파울의 개념은 그래서 중요하다.

4. 슈터의 뒤를 쫓아다닌다. 수비수는 공격수를, 특히 자신에게 책임이 부여된 마크맨을 무조건 저돌적으로 따라다니는 것을 기본 원칙으로 해야 한다. 물론 상황에 따라 종종 협력수비나 슬라이드, 스위치 등의 부분전술을 시도할 때는 있다. 하지만 이는 특별한 약

수비에서는 자신이 맡은 마크맨을 끝까지 책임지는 자세가 필요하다.

속이 있을 때만 한다. 이런 부분전술들은 수비의 책임 소재가 불분명해서 책임을 전가할 수 있다. 누군가 요령을 부리거나 게으름을 피우면 수비 조직력 전체가 타격을 받을 수도 있다.

그러므로 일단 원칙을 중시하여 수비 훈련을 진행할 수 있도록 한다. 특히 아직 배우는 단계의 어린 학생들에게는 수비에서의 책임감을 명확하게 정립해줄 필요가 있다.

5. 상대가 패스나 드리블할 때 우리 팀 선수 다섯 명이 모두 반응할 수 있도록 한다. 아주 기본적인 팀 수비 철학이라 할 수 있다. 수비수는 볼과 공격수의 움직임에 항상 반응해야 한다. 단 한 명이라도 한 자리에 그냥 서 있다면 잘못된 수비다.

수비 조직력을 평가하는 척도 중 하나는 돌파를 당했을 때의 대응이다. 로테이션이 어떻게 이뤄지는지 보면 그 팀의 수비 조직력을 알 수 있다. 이는 스카우팅이나 전력 분석에서 수비 시스템을 체크하는 중요한 사항이기도 하다.

6. 상대 선수가 볼을 잡는 순간, 수비는 그 볼을 잡은 선수를 컨트롤러(조종자)로 만들어야 한다. 다시 말해서 '볼을 압박해라!'

- 드리블을 잘하는 선수(드리블러)를 마크할 때와 그저 그런 선수를 마크할 때를 구별해서 수비하는 방법을 가르친다.
- 드리블하는 상대 선수를 쫓아갈 때는 슬라이딩 스텝(발을 끌며 옆으로 미끄러지는 사이드 스텝) 대신 달리라고 요구한다. 수비수는 가능한 한 발을 많이 움직이고, 공격자가 방향을 바꾸게 유도해야 한다.

기본적으로 수비수는 공격수에게 매달리는 수비보다는 상대가 공격을 선택하도록 유도하는 수비를 해야 한다. 예를 들어 슈팅 능력이 좋은 상대에게는 바짝 붙어 슈팅보다는 드리블을 선택하게 하고, 슛 성공률이 저조한 선수는 반대로 패스나 돌파를 저지해서 슈팅을 선택하도록 몰아간다. 오른손 드리블이 뛰어난 선수에게는 오른쪽 공간을 닫아 왼쪽으로 유도하며, 왼쪽 돌파를 즐기는 선수에게는 오른쪽을 열어주고 그에 대비하는 식이다. 이런 수비수의 행동은 공격수를 조정하는 결과로 이어지며, 능동적 플레이는 수비 성공으로 이어질 확률을 높인다.

궁극적으로 수비수는 공격수가 압박을 느끼게 해야 한다. 다시 말해서 공격수가 자신의 수비수에게 스트레스받고 육체적으로나 정신적으로나 힘들게 만들라는 의미다. 그런 면에서 라스베가스 주

NCAA 농구코치 미팅에서 만났던 생전 제리 타케니언의 모습

립대학(University of Nevada, Las Vegas, UNLV)의 전설적인 코치 제리 타케니언(Jerry Takenian)의 전매특허였던 아메바 디펜스(amoeba defense) 같은 수비가 모든 코치의 원하는 바가 아닐까 한다(국내에서는 보통 '찰거머리 수비'로 통한다). 나 또한 수비수가 기본적으로 그렇게 해주기를 바란다. 여기에 상황마다 팀 수비의 원칙에 맞게 수비수들이 조직적으로 함께한다면 가장 이상적일 것이다.

드리블러 수비하기

농구에서 공격수는 크게 볼을 잡은 선수와 볼 없는 선수로 구분하며, 수비 입장에서는 볼을 잡은 선수가 드리블하게 하는 것이 가장 현명한 방법이다. 볼을 최대한 한곳에 머물러 있게 할 뿐만 아니라 볼 없는 선수 네 명의 활용도를 떨어트리기 때문이다. 드리블이 필요 없는 기술이란 의미는 아니지만, 제한시간 내에 공격을 마무리해야 하는 농구의 특성상 드리블에 시간을 너무 많이 소모하면 그만큼 좋은 공격이 나오기 어려워진다. 하지만 드리블러를 제대로 마크하지 못하면 돌파에 이은 쉬운 레이업 슛을 허용하기 딱 좋으니 적극적으로 움직임을 차단해야 한다.

볼 핸들러에게는 최대한 압박을 가하려는 수비 자세가 필요하다. 볼이 압박당한다는 의미는 슛을 쏠 수 있는 공간이 충분하지 않으며, 좋은 어시스트가 될 만한 패스도 나오기 어렵다는 이야기다.

드리블러를 효과적으로 차단하는 수비의 기초는 두 가지 정도로 요약할 수 있다. 하나는 공격수가 전진 대신 방향전환을 선택하게 하는 것이고, 또 하나는 사이드라인이나 베이스라인을 이용해서 공격수의 진로를 차단하는 것이다.

그리고 풀코트 수비에서는 볼 핸들러가 코트 중앙으로 가기 위한 드리블을 저지해야 한다. 중앙보다는 측면에서는 시야가 제한적이 되고, 트랩 디펜스나 하프코트 바이얼레이션을 활용할 가능성도 커지기 때문이다.

드리블을 멈추게 하는 것 또한 중요한데, 그러려면 그만큼 수비수의 풋워크가 갖춰져 있어야 한다. 결국, 드리블러를 막으려면 수비수가 많이 움직이고 많이 뛰는 수밖에 없다는 의미다.

드리블러 수비에서 가장 중요한 기술은 미끄러지듯 좌우로 발을

농구의 헬프수비는 팀 스포츠에서만 볼 수 있는 묘미 중 하나다.

움직이는 슬라이드 스텝(slide step)이다. 이는 공격자의 방향전환에 신속하게 대응하고 페이크 모션에 중심을 잃지 않으며 다음 동작을 취할 수 있는 풋워크다.

그러나 반응이 늦었다 싶으면 뛰어서라도 따라가야 한다. 이를 스트라이드 런(stride run)이라 한다. 기본적으로 1대1 수비, 특히 드리블에 능한 볼 핸들러를 봉쇄하려면 스트라이드 런과 슬라이드 스텝을 적절히 섞어 움직이는 요령을 터득할 필요가 있다.

이 수비 훈련은 아주 고되고 상당한 체력이 필요한 연습이다. 그래도 매일 반복훈련을 빼먹지 말아야 할 기술이며, 코치는 이런 훈련을 어떻게 하면 선수들이 흥미를 느낄 수 있을지 고민하고 방법을 개발해야 한다. 연습에서는 드리블러의 수비수를 독려하기 위해 코치와 매니저가 함께 정렬해 계속 콜을 해주거나 미진한 부분을 바로바로 지적해주자.

또한 드리블이 좋은 선수나 그런 선수가 속한 팀을 만났을 때는 다음 전략 중 하나 이상을 성공할 수 있도록 하자. 물론 모두 성공적으로 달성한다면 금상첨화다.

- 드리블하는 선수가 코트 중앙(또는 3점 라인 탑)에 가지 못하게 하거나 도달하기 전에 방향을 바꾸게 한다.
- 드리블러의 활동 범위를 코트의 1/3 이하가 되도록 제한한다.
- 공격수가 10초 동안 상대 하프코트에서 넘어오지 못하게 한다.
- 공격할 선수, 즉 슈팅을 시도할 선수에게 드리블을 치게 만든다. 또는 가드가 아닌 선수가 드리블하도록 몰아간다.

볼 핸들링도 좋고 스피드도 빠르며 외곽 슛이나 패스 등의 능력도 갖춘 다재다능한 드리블러는 사실 정상적인 수비로 원천봉쇄하기가 매우 어렵다. 서울 SK 나이츠의 김선형 같은 선수가 대표적인 사례다. 이런 선수는 위에서 언급했듯이 특징을 최대한 공략한다든지(예를 들면 김선형은 오른손잡이라서 왼쪽으로 드리블을 유도한다든지), 미리 약속해서 동료의 도움을 받거나 팀 수비 차원에서 로테이션을 준비해 대응하는 수밖에 없다(물론 가장 좋은 방법은 우리 팀에 데려와서 뛰게 하는 방법이다).

이렇게 개인 기량으로 막기가 쉽지 않은 드리블러를 만났을 때는 수비 조직력으로 해결해야 한다. 이것이 가능하다는 사실이 또 하나의 농구의 묘미라 할 수 있다. 다음은 재능있는 드리블러를 봉쇄하기 위한 헬프수비의 기본 원칙이다.

1. 일선에서 돌파를 이미 허용했다면, 자신이 수비했던 상대를 버리고 앞질러 간다. 이때, 포워드는 볼이 가는 (또는 드리블을 치고 들어가는) 방향의 수비를 지원한다. 쉽게 말해서 스위칭 디펜스다. 여기서 핵심은 헬프수비를 들어오는 헬프맨이 원래 수비수가 마크했던 공격수를 이어받아 맡는 것이다. 타이밍을 잘 맞춰야 한다. 늦게 반응하면 두 명이 뚫리는 상황이 발생한다.

2. 공격수가 볼을 패스하려 할 때, 볼이 가는 방향으로 반응한다. 수비수는 항상 공격수의 눈을 응시해야 한다. 그 선수와 볼의 방향을 예측하기 위해서다. 물론 상대가 특정 동작을 취하기 위한 버릇

등을 알고 있다면 그 점을 확인하는 것도 괜찮다. 중요한 원칙은 패스가 가는 방향으로 움직이는 것이다(이를 'Jump to the Ball'이라고 한다). 이런 움직임은 아주 기본적인 동작이라고 할 수 있는데, 헬프수비나 로테이션, 헤지 등의 플레이가 모두 이렇게 패스 방향으로 움직이는 것부터 시작되기 때문이다.

3. 공격수가 베이스라인을 뚫고 들어오지 못하도록 '컷-오프(cut-off)' 해준다. 알다시피 베이스라인은 공격수가 선택할 수 있는 돌파 루트 중에서 가장 선호하는 방향이다. 이와 반대로, 수비수에게는 여러 공격 옵션을 허용할 수 있는 공간이다. 따라서 드리블로 베이스라인을 타고 돌파해 들어오는 공격은 무조건 차단해야 한다는 의무감이 있어야 한다. 특히 골밑에 있는 동료 선수가 적절한 타이밍에 헬프를 들어가면 볼 핸들러를 정면과 측면에서 완벽히 감쌀 수 있다.

4. 공격수가 슈팅을 시도하는 순간, 즉시 '박스아웃'에 들어간다. 지금까지 여러 가지를 강조했지만, 수비할 때 또 한 가지 강조하고 싶은 점은 상대의 공격 한 차례에서 슛은 (성공이든 실패든) 단 한 번의 시도만 허용하라는 것이다. 공격 한 번에 여러 차례 슈팅 기회를 준다는 것은 공격 리바운드를 내준다는 의미다. 수비의 마무리는 리바운드임을 잊지 말자.

그런 관점에서 박스아웃은 상당히 중요한 습관 중 하나다. 내가 선수들에게 뭔가 주문할 때 가장 많이 언급하는 단어 중 하나다. 개인적으로 아픈 기억도 있다.

오리온스의 2011-12시즌 개막전은 전주 KCC 이지스와의 홈경기였다. 내가 일선 감독으로 복귀한 뒤 맞은 첫 공식경기였다. 심지어 구단도 고양으로 연고지를 옮기고 새 홈구장에서 처음 개최한 공식 프로경기였다. 하지만 공교롭게도 당시 KCC는 시즌 개막 직전에 언론과 감독들이 꼽던 우승 후보 중 하나였다. 내게도 팀에도 구단에도 나름대로 큰 의미가 있는, 부담되는 경기였다.

그래도 경기장을 꽉 채운 홈 관중의 응원과 선수들의 좋은 플레이가 합쳐져서 경기는 잘 풀려갔다. 경기 내내 접전을 벌이며 마지막 순간까지 끌고 갈 수 있었다. 경기 종료 4초 전 88-88 동점 상황에서 작전타임이 끝나고 우리의 압박수비가 성공을 거두며 상대의 마지막 슈팅을 잘 막았다. 하지만 실패한 슛이 림을 맞고 튀어나온 그 순간, 임재현이 사이드에서 골밑으로 바람처럼 뛰어들어 팁

지난 시즌부터 코치로 새출발한 임재현 코치

인 슛을 시도했다. 그가 툭 쳐올린 볼은 종료를 알리는 버저 소리와 함께 림 안으로 들어갔고, 우리는 다 잡은 기회를 놓쳤다.

마지막 순간 골밑을 지키지 않았던 찰나의 방심이 경기를 내준 셈이었다. 이 치명적인 실수 하나는 결국 시즌 개막 6연패로 이어지며 모두의 출발을 어렵게 만들었고, 팀 분위기는 바닥으로 급락했다. 아마 그 경기를 잡았다면 시즌 초반부터 돌풍을 일으킬 팀으로 인정받으며 순조롭게 시즌을 시작했을지도 모른다. 지금도 여전히 잊지 못하는 뼈아픈 장면이다. 박스아웃의 중요성을 다시 한 번 일깨워줬던 순간이기도 하다.

아이러니하게도 그날 경기에서 막판 역전 3점 슛에 이어 마지막 리바운드를 포기하지 않고 버저비터 팁인까지 성공하며 우리 팀을 나락으로 몰아넣었던 임재현은 현재 오리온스 코치로 나와 함께 팀을 이끌어가고 있다. 그리고 나와 함께 연습장에서 박스아웃의 중요성을 선수들에게 강조하는 중이다.

● 원 카운트 헬프수비의 경우

'원 카운트'는 최근에 많이 쓰이는 용어다. 헬프수비를 들어갈 때 볼을 가진 상대 공격수가 한 타이밍(1초 이내)에 다가설 수 있을 정도로 근거리에 있는 경우를 원 카운트 헬프수비라고 한다. 이 헬프수비는 헬프사이드에서도 가능하다. 또한 이보다 조금 먼 거리에 볼 핸들러가 있을 때, 즉 투 스텝 이상이나 1초 이상 걸려서 다가설 수 있을 정도 거리에 있을 때 헬프수비를 들어가는 상황을 투 카운트 헬프수비라고 한다.

헬프수비는 자칫 자신의 마크맨 또는 다른 공격수에게 노 마크 찬스를 허용할 수 있으므로 볼의 움직임과 타이밍에 항상 유의해야 한다.

- 디나이(deny, 상대 공격수가 패스를 받지 못하도록 경로를 차단하는 수비 플레이) 한다.
- 자신이 맡은 공격수가 볼을 받았을 경우, 압박한다.
- 상대의 커트-인 플레이에 대비한다.
- 피치 못하게 상대 공격수가 볼을 받아 슛을 시도했다면, 수비는 곧바로 박스아웃을 들어간다.

이 역시 기본은 패스 방향으로 움직이는 점프 투 더 볼의 원리다. 코치는 이 원리를 항상 강조하고 선수들에게 습관으로 만들어야 한다. 이 동작이 몸에 배어있지 않으면 팀 수비는 원활히 돌아가기 어렵다.

● 투 카운트 헬프수비의 경우

투 카운트 헬프는 대개 멀리 이동하거나 자신의 등 방향으로 돌아 움직이게 되므로 헬프를 들어갈 때 타이밍과 상황 판단이 중요하다. 또한 우리 편 수비수와 겹치거나 상대의 페이크 동작에 완전히 벗겨지지 않도록 유의해야 한다.

- 패스가 가는 방향으로 '점프'하고, 상대의 클리어 아웃(clear-

out, 볼이 없는 선수가 베이스라인을 타고 돌아서 코트 반대편 사이드라
인으로 빠져나가는 플레이)을 방어해서 1대1 돌파 찬스를 내주지
않는다.

- 사이드라인에서는 볼을 압박한다. 사이드라인도 수비수 한 명
  으로 간주해서 활용한다. 공격수에게는 절대 불리한 위치다.
  도중에 드리블을 멈춘다면 특히 더 불리해진다.
- 헬프사이드 수비자는 패스를 저지한다. 그러려면 투 카운트
  수비수는 항상 볼을 보고 있어야 한다. 이와 동시에 자신이
  마크하는 공격자도 봐야 하므로 볼 핸들러의 눈을 보고 패스
  를 예측하는 요령이 필요하다. 볼이 어느 방향으로 갈지 미리
  파악하면 당연히 패스를 저지하기도 쉽다. 상대 공격의 볼 흐
  름이 투 카운트 이상으로 자유롭게 이동하면 그만큼 수비는
  이동을 많이 해야 하므로 막아내기가 어려워진다.

팀 수비의 목표와 규칙

팀 수비에는 코치의 수비 철학이 반영되어야 한다. 코치 자신이
강조하는 수비 형태나 지역, 상황, 전술 등을 고려해서 원칙을 만들
라는 의미다. 이런 수비 원칙은 매 경기 플랜을 세우고 준비할 때마
다 세울 수도 있다. 다음과 같이 구체적으로 정하면 다른 코치나 선
수들과 공유하기도 좋고, 실전에서 따를 만큼 이해하기도 쉽다.

- 패스가 전달될 수 있는 3점 슛 라인 부근은 전부 스코어링 지역으로 간주한다.
- 보통은 다섯 명의 선수 모두를 볼 라인 밑으로 내려보낸다.
- 페인트 존은 공격 성공률이 높은 지역이므로 수비수를 집결한다. 특히 레이업 슛을 포함한 골밑 슛은 허용하지 않는다.

이렇게 원칙을 세워놓고 경기를 계획하다 보면 자연스럽게 수비에서 달성해야 할 목표를 세울 수 있다. 다음 사례는 래리 브라운이 자신의 수비 철학에 기반을 두고 만들었다고 밝혔던 목표다. 이를 참고해서 각자 자신의 팀에 맞는 원칙을 세워보자.

- 공격제한시간 5초가 남을 때까지 슈팅을 허용하지 않는다.
- 상대의 야투 성공률이 42% 이하가 되도록 한다.
- 한 경기에서 레이업 슛을 6개 이상 내주지 않는다.
- 경기당 0.85pt의 소유권을 점유한다(예를 들어 경기에서 볼을 50% 소유하고, 50점을 득점한다면 이는 경기당 1.0pt의 소유권을 가진 것이다).

이처럼 세부적인 목표를 세워 선수들에게 공유하고 책임감을 느끼게 하면 자연스럽게 동기부여가 될 뿐만 아니라 플레이의 목적 역시 명확하게 할 수 있다. 사실 과거에는 이렇게 구체적으로 목표를 갖고 수비하는 팀이 별로 없었다. 하지만 분석기술의 발달과 체계적인 연구 등이 스포츠에 도입되면서 이렇게 경기 관련 사항에 관해 분명하게 뭔가를 제시할 수 있게 됐다.

최근에는 국내 코치들도 많은 연구와 공부를 거듭하면서 구체적인 목표를 갖고 경기에 임하는 모습을 많이 봤다. 좋은 코치가 되려면 이런 부분도 노력하고 시도해볼 필요가 있다.

시간이 흘러도 변치 않는 팀 수비의 기본 중 하나는 아무래도 골밑을 가장 튼튼하게 보완하는 것이다. 가장 확률 높은 슛은 림과 가까운 곳에서 이뤄진다는 사실을 잊지 말자.

다음은 수비 시에 꼭 지켜야 할 몇 가지 규칙들을 정리해둔 것이다. 경기에서나 연습에서나 습관적으로 시행할 수 있도록 하자.

1) 골밑으로 투입하는 패스는 허용하지 않는다.

2) 볼 라인 근처에서 '디나이' 한다.

3) 투 카운트 지역에 있으면, 먼저 볼부터 보고 선수를 본다.

4) 볼이 파울라인 아래쪽(또는 페인트 존)에 있을 때를 제외하고, 항상 사이드라인 방향으로 볼을 압박한다. 동료 수비수가 코너에 있다면 코너로 볼을 압박하며, 코너에 아무도 없다면 자신의 헬프맨이 있는 쪽으로 볼을 압박한다. 다시 말해서 도움받기 쉬운 쪽으로 압박을 가하라는 이야기다.

5) 림을 향해 인사이드 컷이나 아웃사이드 컷을 시도하는 모든 선수를 방해한다. 그냥 흘려보내지 말고 반드시 범핑(bumping, 공격수에게 몸을 부딪쳐 움직임을 지연하거나 방해하는 플레이) 기술을 이용해 컷을 막고 타이밍을 잃게 해야 한다. 좋은 패스가 가도 커터가 타이밍을 놓치면 좋은 슈팅 기회가 나오지 않는다.

6) 트랩 수비를 위해 두 명의 인터셉터와 골밑을 지키는 선수를

배치한다. 트랩의 기본 원칙은 트랩 밖으로 빠져나가는 패스를 가로채는 것이다. 또한 골밑은 기본적으로 지켜야 하므로 코치는 수비를 배치할 때 이를 충분히 고려한다.

7) 볼이 페인트 존(또는 골밑)으로 들어오면 수비수 다섯 명은 상대를 세 방향에서 수비한다. 골대 뒤로 더 들어갈 수는 없으므로 좌·우측과 하프라인 방향으로 감싼다.

수비 훈련의 노하우

수비 훈련은 상대적으로 선수들이 하기 싫어하는 훈련 중 하나다. 더 많이 집중해야 하고 고통도 수반하는 훈련이기 때문이다. 그래서 코치는 고통의 과정을 거치면 보상이 따른다는 사실을 선수들이 인식하게 할 필요가 있다. 선수들의 정신력을 고취하자. 팀의 수비 의지는 경기에 나선 선수들의 표정에 그대로 드러난다. 그리고 터프하고 피지컬한 팀은 언제나 좋은 성적을 낸다.

무엇보다도 탄탄한 수비는 상대 득점을 어렵게 하고 우리 팀 공격을 쉽게 한다. 승리의 필수요소임을 팀 전원이 명심해야 하며, 항상 원칙을 강조하고 훈련을 게을리하지 않도록 하자. 수비의 팀 훈련은 하루 세끼를 습관처럼 먹는 것과 동일시하자. 개인적으로 풋워크는 특히 매일 훈련 일정에 꼭 포함해야 한다고 강조하고 싶다.

코치는 매일 똑같은 수비 훈련보다는 될 수 있으면 방식에 변화를 줄 필요가 있다. 같은 목표라도 드릴을 조금씩 바꾸거나 번갈아 시행하는 요령도 필요하다. 나이 든 선수일수록 일률적인 연습을 더 잘 견딜 거라고 생각하면 안 된다. 어린 선수들도 반복훈련에 금방 싫증 내거나 힘들어하지만, 성인 선수들 역시 단순한 훈련을 반복하면 집중력이 금세 떨어진다. 그래서 코치는 항상 훈련법을 바꿔줄 수 있도록 연구가 뒤따라야 한다.

또 하나, 훈련에는 목표가 있어야 한다. 수비 훈련은 공격 훈련보다 목표 설정이 애매하다고 생각할 수 있다. 하지만 목표가 제시되지 않으면 선수들의 훈련 집중도는 떨어지기 마련이다. 예를 들면 수비진이 해당 전술에서 몇 차례 수비에 성공해야 한다든지 등으로 구체적인 목표를 설정해주자. 미니게임이나 패턴 연습에서도 공격팀에만 목표를 할당하지 말고 수비팀에도 목표를 정해준다.

목표를 제시하면 경쟁의식을 돋우는 효과도 있다. 선수들이 훈련에서 경쟁의식을 느끼느냐 못 느끼느냐는 중요한 이슈다. 잠재력을 더 끌어내고 건전한 경쟁을 통해 능력을 향상할 수 있도록 꾸준히 채찍질할 필요가 있다(진짜로 때리라는 의미는 절대 아니다). 2대2나 3대3 훈련, 연습게임 등 건전한 경쟁을 은근히 부추기는 방법은 다양하다. 어린 선수들에게는 숙제와 복습 내용의 점검만으로도 긍정적인 경쟁 분위기를 조성할 수 있다.

학교에서도 프로에서도 여러 사정 때문에 쉽지 않은 일이지만, 가장 이상적인 팀 수비는 같은 선수들이 오랫동안 함께 호흡을 맞출 때 그 빛을 발한다. KBL에서도 전통적으로 수비가 강하고 꾸준히 좋은 성적을 내는 원주 동부나 울산 모비스를 살펴보면, 김주성이나 양동근 같은 베테랑 선수가 매 시즌 항상 팀워크의 핵심축이 되어 수비 조직력의 중심을 잡아주고 있다는 사실을 알 수 있다. 선수들 간의 호흡은 훈련만으로 만들어지지 않는 요소다.

물론 이런 조직력을 단기간에 최대한 끌어올리기 위해 한 가지 빼놓지 말아야 할 것은 동료와의 적극적인 커뮤니케이션이다. 수비 훈련에서 의사소통 습관을 들일 수 있다면 그것만으로도 수비력은 크게 좋아진다. 팀 수비의 반은 커뮤니케이션에 좌지우지된다고 봐도 과언이 아니다.

지난 시즌 우리가 챔피언결정전 시리즈에서 전주 KCC의 에이스 안드레 에밋을 특수 수비로 저지할 수 있었던 비결은 선수들의 노력과 작전 덕분이기도 하지만, 김동욱과 애런 헤인즈를 중심으로 한 코트 위에서의 커뮤니케이션이 좋았기 때문이기도 하다. 프로

수비 훈련은 항상 드릴 위주의 훈련에서 팀 전술 훈련 순서로 진행한다.

생활을 오래 한 김동욱과 국내 경험이 꽤 쌓인 헤인즈 모두 선수들과의 의사소통에서 강점이 있었으며, 이 둘은 과거 한 팀에서 뛴 적도 있어 서로 눈빛만으로도 의사소통에 어려움이 없었다.

앞서 언급한 수비 전술과 개념을 가르칠 때는 보통 쉘 드릴(shell drill)을 사용한다. 쉘은 영어로 조개의 빗살무늬를 의미하며, 농구에서는 볼을 중심으로 수비수들이 움츠렸다가 패스가 나가면 슬라이드 아웃 하는 동작을 빗대어 표현한 용어다. 실제로 이 훈련에서 수비수들은 항상 볼을 중심으로 움직인다. 실전에서는 보통 두 명의 가드를 앞에 세우지만, 쉘 드릴에서는 한 명만 앞에 세운다. 공격 쪽에도 한 명의 가드를 놓고 연습한다.

쉘 드릴은 전 세계 수많은 농구코치가 수비 훈련의 기본 대형으로 활용하는 훈련법이며, 얼마든지 상황에 맞게 이 드릴을 변형하고 적용해서 훈련할 수 있다. 앞서 소개했던 점프 투 더 볼이나 헤지, 디나이, 투 카운트의 수비자 위치 등을 결합할 수도 있다. 참고로 래리 브라운이 최근 가장 선호하는 연습법은 플렉스 오펜스에 대항하는 수비 훈련인 플렉스 쉘 드릴이다. 이 연습법에서는 백 스크린과 다운 스크린을 주로 활용한다고 한다.

개인적으로 팀 수비를 만들 때는 항상 1대1부터 시작해 5대5로 끝나는 과정을 활용한다. 드릴 위주의 훈련으로 시작해서 부분전술 및 팀 전술, 그리고 실전에 가까운 훈련으로 점차 크기를 키워간다. 물론 수비수 숫자에 따라 특별히 초점을 맞춰 연습할 내용도 있다.

먼저, 드릴 위주의 훈련은 다음 사항에 중점을 둔다.

- 1대1 수비: 풋워크, 디나이, 드리블러 수비, 볼 압박

- 2대2 수비: 헤지, 점프 투 더 볼, 피스톨 포지션, 픽앤롤 수비, 컷터 수비법, (볼과 수비수를 함께 보는 법)

- 3대3 수비: 스크린 대처법, 위크사이드 수비법, 로테이션의 원리

이런 드릴들을 기초로 해서 훈련하며 이 과정에서 어느 정도 숙련되면 이를 토대로 4대4와 5대5 훈련으로 발전시킨다. 또한 하프코트 훈련을 먼저 시행하고 풀코트로 영역을 확장한다.

위의 내용은 모두 맨투맨 수비를 기준으로 한 내용이다. 그리고 강력한 맨투맨 수비를 선호하는 코치라면 패싱 게임과 모션 오펜스에 관해 조금 더 공부하기 바란다. 모션 오펜스에 대응하는 수비 연습법은 선수들이 볼과 상대 공격수를 볼 수 없을 때 우왕좌왕하지 않고 잘 대처하도록 도와줄 수 있기 때문이다.

공격 훈련과 마찬가지로 수비 훈련도 개인기술, 즉 1대1 훈련이 기본이다. 선수들이 맨투맨 수비를 충분히 이해하고 숙련된 뒤에 지역방어나 특수수비 지도로 넘어가자. 특히 어린 선수들을 지도할 때는 될 수 있으면 맨투맨 수비 훈련에 비중을 더 많이 두면 좋지 않을까 생각한다. 실전에서 지역방어가 꽤 유용하게 사용될 수 있긴 하지만 말이다.

앞서도 잠시 언급했지만, 프로선수를 지도하면서 가장 안타까울 때는 수비의 기본이 안 되어 있는 선수가 눈에 띌 때다. 어린 시절에 잘 닦아뒀어야 할 기본기를 찾아볼 수 없고, 프로에서 가장 기본적인 풋워크부터 코칭해야 할 때는 답답한 마음도 든다. 이는 선수

혼자만의 잘못이 아니다. 코치와 학부모, 학교와 협회, 기타 모든 농구인의 문제다. 초중고 시기에 – 그리고 대학 시절에도 – 너무 경기하는 요령만 배우고, 또 그럴 수밖에 없는 현실은 반드시 개선되어야 한다. 그래야 농구가 질적으로 발전할 수가 있다.

어쨌든 매년 비시즌마다 반복할 수밖에 없는 수비 기본기 훈련은 선수들에게나 코치들에게나 괴롭고 힘든 시간이 된다. 조금 더 재미있고 조금 더 고차원의 농구를 고민하고 훈련할 시간이 부족하다. 이런 분위기가 조금 더 달라졌으면 하는 바람이 크다.

제7장

실전 경기 운영

101

　먼저, 모건 우튼(Morgan Wootten) 감독부터 소개한다. 우튼 감독은 미국의 전설적인 코치로 통산 1,274승 192패를 기록했으며, 고교 전미 챔피언에 5차례나 올랐다. 농구 역사에서 최고의 감독 중 하나로 꼽히는 존 우튼마저도 우튼을 '자신보다 더 뛰어난 감독'이라고 평가했을 정도다.

　우튼을 경이롭고 훌륭한 코치라 할 수 있는 이유는 그의 성적보다는 경력 내내 코치로서 경기에 임했던 마음가짐 때문이다. 다음은 그의 인터뷰 중에서 발췌한 노하우다.

　"'일단 경기가 시작되면 걱정은 마음속에서 사라진다. 대신, 내가 할 수 있는 모든 준비를 다 했다고 생각한다.'라고 말하는 코치들을 많이 만나봤다. 물론 팀의 성공을 위해 철저한 준비가 중요한 것은 틀림없는 사실이다. 하지만 코치는 경기를 시작한 후에도 여러 부분에서 책임을 져야 할 의무가 있다. 우리 팀이 (또는 상대가) 강하든 약하든, 홈경기든 원정경기든, 어떤 상황에서 그 의무는 사라지지 않는다. 다시 말해서 코치는 경기를 지휘할 준비도 되어 있어야 한다는 의미다."

너무 진지한 이야기인가? 현역 감독인 나 역시 실제로 경기를 뛰고 팀의 잠재능력을 최대한 뽑아내서 승리에 이르는 과정과 선수를 키우고 훈련하는 '경기 전 과정'과는 — 어느 정도는 연관되어 있겠지만 — 별개란 생각이다. 물론 훌륭한 코치가 되려면 두 가지 과정 모두 잘해야 한다. '선수를 못 키우는 코치'나 '팀 전력을 제대로 못 써먹는 코치'나 코치에게는 아주 치욕적인 평가일 수밖에 없다.

존경받는 농구코치 모건 우튼

앞서 이야기했듯이, 어린 선수나 초보 수준의 선수를 가르칠 때
는 육성과 훈련에 조금 더 비중을 두게 된다. 경기에서 패했을 때
배우는 것이 더 많을 수도 있다. 하지만 경기를 얼마나 잘 운영해서
승리로 이끄느냐는 유능한 코치로 평가받을 수 있는 가장 중요한
요소임을 잊지 말자.

경기 전 점검사항 1. 스타팅 라인업

분석과 전략 수립, 선수들의 개인 훈련 및 팀 훈련, 전술 훈련까
지 모든 경기 준비를 마치고 연습이 충실히 이루어졌다면, 이제 코
치가 마지막으로 결정해야 할 사항은 두 가지가 남는다. 바로 스타
팅 라인업과 상대방과의 매치업 구성이다.

스타팅 라인업을 구성하는 방법은 여러 가지며, 이는 감독의 스
타일을 많이 타는 부분이기도 하다. 어떤 감독은 각 포지션이나 포
메이션에 맞춰 라인업을 짜고, 어떤 감독은 그야말로 팀의 '베스
트-5'로 짠다. 어떤 감독은 팀이 낼 수 있는 최대 화력에 중점을 두
고, 어떤 감독은 상대에 따라 계속 변화를 준다. 따라서 이에 대한
절대 원칙이나 정답은 "없다."라고 해야겠다.

다만, 굳이 한 가지를 꼽자면 경기의 흐름이 중요하고 득점이 많
이 나는 농구의 특성상 초반 기세를 가져올 수 있도록 — 최소한 흐
름을 넘겨주지 않도록 — 하고, 시간상으로 한 쿼터의 3분의 2 성

도는 책임져줄 수 있는 라인업이어야 한다는 점이다. 시작부터 상대에게 끌려다니는 경기를 하고 싶거나 시작한 지 3~4분 만에 선수를 대거 교체하고 싶은 코치는 없으리라 생각한다.

개인적으로는 경기를 시작할 때 코트에 나선다는 점 외에는 스타팅 다섯 명에 의미를 크게 두지 않으려 하는 편이다. 평소에도 나는 선수들에게 '선발로 누가 출전하느냐보다는 경기의 마무리를 누가 하느냐가 더 중요하다.'라고 강조한다.

이 역시 코치의 철학과 스타일 등에 따라 달라질 수 있다. 예를 들면 앞서 언급한 우튼은 스타팅으로 출전한 다섯 명이 최대한 오랜 기간 코트에서 뛰는 전략을 선호하는 코치였다. 현대 농구와는 맞지 않는다고 생각하는 사람도 있겠지만, 아직 현역으로 활동하는 코치 중에서도 주전의 역할에 더 큰 비중을 부여하는 사람이 적지

경기에 선발로 나설 선수는 감독의 스타일에 따라 달라질 수 있다.

않다(그리고 솔직히 여러 여건상 그렇게 할 수밖에 없는 경우도 있다).

여기서 철학이나 스타일과 무관하게 강조하고 싶은 점이 하나 있다. 나는 경기에 졌다고 해서 다음 경기에 바로 라인업을 변경하는 것을 매우 싫어한다. 왜냐면 '지난 패배는 스타팅 멤버들의 잘못 때문이다.'라는 오해를 불러일으킬 수 있기 때문이다. 그래서 스타팅 변화는 웬만하면 팀이 승리를 거둔 후에 하려는 편이다. 전술적 조정이나 매치업 변화 등을 이유로 불가피하게 라인업을 변경할 수밖에 없는 상황이더라도 경기에서 패한 뒤라면 한 번 더 심사숙고한 뒤에 결정한다.

개인적으로는 선발 출장에 큰 의미를 두지 않으려 한다고 말했지만, 외부에서는 다르게 생각할 수도 있다. 특히 선발에서 벤치로의 보직 변경을 '강등됐다'고 생각하거나 충분히 제 역할을 해내지 못했다고 자책하는 선수가 생길 수도 있다. 코치는 이런 오해가 절대로 생기지 않도록 해야 한다. 코치 경험이 있는 사람이라면 잘 알겠지만, 스타팅 라인업을 포함한 전술 운용의 변화는 승리를 위한 최대 전력과 최고 효과를 만드는 과정 일부다. 이런 사실이 선수들에게 감정적으로 비치거나 경기 직전에 사기를 꺾어버리는 원인이 되어서는 안 된다(그런 코치라면 이 책 1장부터 다시 읽어보기 바란다).

선수들과의 대화는 이런 변화의 순간에도 필요하다. 이미 언급한 바 있지만, 나는 라인업을 비롯해 경기 중 선수 운용에 변화를 줄 때는 경기 전에 미리 알려주고, 반드시 해당 선수를 사무실로 따로 불러서 대화한다. 선수에게 변화가 필요한 이유를 명확하게 이야기할 뿐만 아니라 그에 따른 역할과 책임의 변화에 관해서도 의견을 나눈다. 그렇게 해서 사기가 꺾이지 않고 불필요한 오해가 생기지 않게 한다. 선수들이 코치가 의도했던 전략적 변화를 이해하고 그에 맞춰 계속 열정적으로 경기에 임할 수 있다면, 모두에게 윈—윈이 된다.

마지막으로 스타팅에 변화가 필요하다고 생각하고 변화를 주자고 결정했다면, 그에 대해 더 고민하지 않는다. 코치에게는 자신의 결정을 심사숙고해서 내린 최선이었다고 스스로 믿는 습관도 필요하다. 물론 언론매체 등에서는 그 변화를 경기의 승패나 다른 문제와 연결해 집요하게 파고든다. 누군가는 비난의 논거로 삼기도 한다. 하지만 절대 흔들리지 말자. 고민은 경기에 부딪혀 본 뒤에 다시 하면 되고, 실전에서 드러난 문제는 수정하면 된다.

경기 전 점검사항 2. 매치업 결정

아마도 경기 준비에서 이보다 더 중요한 결정사항은 별로 없을 것이다. 특히 우리 팀 수비가 주로 맨투맨을 사용한다면 더욱 그렇다.

매치업의 제일 목표는 상대방의 강점을 최소화하는 것이다. '최소화'라는 단어에 유의하자. 순서대로 하나씩 저지해나간다. 선수들에게 매치업이 붙은 상대가 가장 잘하는 것부터 하나씩 차단할 수 있도록 주문하자. 그런 식으로 상대 팀 에이스부터 무장해제를 하고, 그다음엔 두 번째 에이스를 무력화한다. 전술적으로도 상대가 가장 즐겨 쓰는 패턴을 하나씩 깨나간다.

다음은 매치업을 결정할 때 고려해야 할 몇 가지 필수 요소다.

1. 우리 팀 주득점원의 수비 할당

가능하다면 우리 팀의 핵심 공격수는 상대 중에서 공격력이 약한 선수를 수비하도록 매치업을 조정하자. 우리 주득점원이 상대 팀 에이스마저 봉쇄하길 원한다면, 한 선수에게 전부 의존하겠다는 의미나 다를 바 없다. 아무리 우리 팀 에이스라 해도 너무 막중한 부담감을 지우는 일이다. 물론 그 선수가 팀에서 가장 수비가 좋은 선수일 수도 있다. 그래도 공격과 수비 양측에서 너무 많은 요구가 될 수 있다. KBL에서 코치들이 외국인 선수와의 수비 매치업에 국내 빅맨을 어떻게든 활용해보려고 고민하는 이유도 이와 일맥상통한다.

중요한 이유가 하나 더 있다. 우리 팀 주득점원이 상대 팀 에이스를 막다가 조기에 파울 트러블에 빠질 수 있다는 점이다. 5반칙 퇴장으로 경기에서 전력 외가 되는 상황은 체력소모가 심해지거나 심리적으로 부담을 느끼는 상황과는 천지 차이다. 그러니 주득점원에게는 가능하다면 공격력이 약하거나 공격 빈도가 떨어지는 선수와의 매치업을 주자.

물론 우리 주득점원이 최고의 공격수이자 수비수고, 경기가 절체절명의 순간에 와 있다면 전술을 일시적으로 수정해야 할 수도 있다. 코치의 창의력이나 임기응변이 필요한 상황에서까지 원칙을 고집하라는 말은 아니다.

2. 상대 팀 포인트가드의 수비

또 하나 중요한 결정사항은 상대 포인트가드를 누가 막느냐다. 누가 막더라도 그 수비수는 파울 트러블에 걸릴 공산이 크다. 가장 많은 시간을 볼 근처에서 수비하게 될 것이고, 심판들은 항상 볼을 쳐다보고 있기 때문이다. 그러므로 우리 팀 에이스나 주전 포인트가드가 상대의 주전 포인트가드와 직접 매치업이 붙는 상황은 피할 수 있다면 피하는 것이 좋다.

3. 상대의 장점을 최소화하기

좋은 팀 수비를 갖추는 작업은 농구팀에게 매우 중요한 일이다. 상대의 뛰어난 선수를 막기 위해 특정 선수를 희생하거나 여러 선수에게 전담 수비 임무를 주기보다는 팀 수비로 맞서는 것이 더 나은 전략이다. 지역방어부터 헬프수비나 헤지까지 모든 팀 수비 전술이 이 개념에서 출발한다. 때로는 이런 전술이 상대의 다른 한 선수를 항상 오픈시켜주는 거나 마찬가지가 되기도 하지만, 그래도 상대 팀 에이스가 마음껏 활약하는 것보다는 '못하는 선수가 득점하는 편이 낫다.'

매치업을 정할 때는 상대 팀 선수 개개인의 장점이 무엇인지를 잘 파악해야만 한다. 그래야 그 장점을 최소화할 매치업을 만들어 낼 수 있다. 예를 들어 상대 팀 에이스가 리바운드 능력이 뛰어나다면, 그를 최대한 골밑으로 못 들어오게 하거나 박스아웃을 하는 등의 방법으로 그 장점을 저지한다. 상대 팀 에이스가 외곽 슛은 좋은데 돌파가 약하다면, 그를 막을 수비수에게 한 발 더 타이트한 마크를 주문해서 그 장점을 무력화하자.

공격력이 월등하고 기량이 뛰어난 선수를 아무것도 못하게 수비하기는 불가능에 가깝다. 그보다는 상대 선수가 가장 잘하는 플레이를 못하게 하는 것부터 시작하자. 어떤 코치는 심지어 '저 선수를 왼손으로 드리블하게 유도해라!'고 주문하기도 한다.

자신의 직감과 판단을 믿자

살다 보면 때때로 본능이나 직감으로 결정을 내릴 때도 잦고, 그렇게 내린 결정이 옳은 결과를 가져다주는 경우도 적지 않다. 직감

헤인즈(왼쪽)의 적극적인 헬프수비 덕분에 에밋(오른쪽)을 막는 작전은 성공을 거뒀다.

을 믿는 방법을 배워두자. 개인적으로는 직감을 따르면 실패할 확률보다 성공할 확률이 더욱 높다고 생각한다.

사실 어느 코치나 경기 플랜을 짤 때는 나름의 철학과 계산을 바탕으로 한다. 하지만 얼마나 확신하고 밀어붙이는가 또한 중요한 부분이라고 생각한다. 자신의 결정에 확신이 없다면 조금이라도 예상치 못한 방향으로 경기 양상이 달라졌을 때 쉽사리 그 작전을 포기하거나 바꾸게 된다. 이러면 코치에게는 아무런 소득 없는 경기가 될 수도 있다. 바탕과 기준을 명확히 설정하고, 의사결정에 확신을 가지며, 뚝심 있게 밀어붙이자.

지난 2015-16시즌 KBL 챔피언결정전에서 내 최대 고민은 안드레 에밋의 수비 매치업이었다. 그는 상대 KCC의 에이스이자 팀 득점의 절반이 직접적이든 간접적이든 그의 손을 거쳐 갈 정도로 개인 기량이 월등한 선수였다. 처음 만나는 선수는 아니었지만, 어쨌든 그의 활약으로 KCC는 정규시즌 1위를 차지할 수 있었고, 우리도 KCC와의 정규시즌 경기에서 상대 전적 3승 3패로 고전해야 했다.

다행히 시리즈가 시작되기 전에 일주일가량 여유시간이 있었다. 에밋을 막는 전술을 새로 짜기 위해 전력분석팀과 코칭스태프의 여러 제안도 들어보고 이리저리 서적을 뒤지면서 전설적인 코치들의 수비 전략도 읽어봤다. 마땅한 전술에 관해 확신이 서지 않았던 어느 날 밤, 우튼 코치의 책이 눈에 들어왔다. 그리고 오랜만에 펼쳐본 그 책에서 다음 내용에 매우 공감했다.

"루 앨신더(Lew Alcindor)를 상대하기 위해서는 한 선수로 부족하

다는 것을 알고 있었다. 그래서 우리 팀의 수비 전술은 앨신더를
디나이하는 것이었다. 한 선수는 앞에서 디나이하고 다른 선수는
뒤를 봐주는 식의 수비를 구사했다. 결국, 이날 경기에서 앨신더
는 단 11번밖에 볼을 잡지 못했다.”

비로소 나는 에밋에 대항할 수비 전술을 결정할 수 있었다. 바로
디나이였다. 먼저 에밋이 최대한 어렵게 볼을 잡도록 만들고, 볼을
잡으면 헤인즈가 곧바로 헬프수비를 들어가는 방식이었다.

사실 누구나 생각할 수 있는 특별하지 않은 방법이었다. 위에 소
개한 우튼 코치의 사례는 지금으로부터 50년 전에 벌어졌던 고등
학교 경기 이야기다(물론 사례에 나오는 루 앨신더는 일찌감치 될성부른 재
목이었고 NBA에서 손꼽는 전설이 된다. 그리고 이름도 카림 압둘-자바로 개명
한다). 하지만 중요한 시리즈를 앞둔 시점에서 내게는 확신이 필요
했고 위의 사례는 내 의사결정에 큰 도움이 됐다.

결과적으로 우리가 꺼내 든 에밋의 디나이 전술은 성공적이었다.
센스가 좋고 노련한 김동욱이 경기마다 적절히 에밋을 디나이해줬
고, 헤인즈의 효과적인 헬프 덕분에 에밋은 오직 자신이 직접 슈팅
을 쏘는 데만 집중하게 됐다. 물론 시리즈 내내 에밋의 개인 성적은
나쁘지 않았다. 대신, 에밋의 볼 소유 시간이 늘어나면서 KCC의 공
격 밸런스가 전반적으로 무너지는 효과를 얻을 수 있었다.

하나의 작은 전술 적용에 불과했을지 몰라도, 그 작전의 성공으
로 나는 처음으로 프로에서 챔피언 헹가래를 경험할 수 있었다. 그
리고 오리온스는 14시즌 만에 우승의 영광을 누리게 됐다.

어떤 코치든 최선을 다해 경기를 준비할 것이다. 하지만 미안하다. 실전을 기준으로 보자면, 경기가 시작되기 전까지의 모든 과정은 코치의 역할 중 절반에 해당할 뿐이다. 준비한 것들을 최대한 잘 수행할 수 있도록 선수들을 돕고, 다양한 상황에 따른 적절한 대응책을 선수들에게 제공해주는 일이 나머지 절반에 해당한다.

우튼 코치의 다음 이야기를 살펴보자.

"한 번은 전설적인 코치 레드 아우어바흐(Red Auerbach)가 찾아와 조언해준 적 있었다. 내가 작전타임을 부를 때마다 선수들에게 공격에 관한 주문을 많이 하는데, 아우어바흐가 보기에 우리 팀의 더 큰 문제는 수비와 박스아웃이었다고 했다. 그동안 나는 경기의 맥을 잘못 짚었다는 의미였다.

이 사건 이후 나는 경기의 모든 부분을 놓치지 않기 위해 노력했다. 코치들에게 인사이드와 아웃사이드 플레이를 나눠 배정해주고 공수에 걸쳐 움직임을 지켜보게 했다. 다른 스태프에게는 경기에 관한 코멘트를 그때그때 적어서 수시로 보여달라고 했다. 그 코멘트를 보며 타임아웃이나 하프타임 때마다 경기를 복기했다. 도움을 줬다. 또 다른 스태프에게는 양 팀이 작전타임을 몇 개나 썼는지, 팀 파울 상황이 어떤지 주시하도록 했다. 어떤 선수가 평소보다 득점을 많이 했는지, 파울 트러블에 걸렸는지 등도 알아야 했다.”

위와 같이 경기의 모든 부분을 속속들이 알고 있어야 팀이 최고의 경기력을 유지할 수 있다. 선수도 사람이기에 집중력이 떨어지거나 잠시 잊어버릴 수 있다. 미처 준비하지 못한 상황을 마주하면 당황하거나 실수할 수도 있다. 이럴 때 코치가 경기 상황을 꼼꼼하게 챙기고 있었다면 선수들에게 문제점을 바로 지적하고 해결책을 제시해줄 수 있다.

물론 프로팀들은 대부분 이런 준비와 역할 분담이 비교적 잘 되어 있는 편이고, 각종 전자기기의 도입과 경기장 시설의 발달, 전문 기록요원의 배치 등으로 예전보다는 많이 나아지긴 했다. 하지만 짧은 순간에 상황을 파악하고 빠른 의사결정을 내리기 위해서는 주어진 시간 안에 최대한 많은 정보를 얻어내고 분석해야 한다. 마치 산 정상에 올라 아래를 내려다보듯이 경기와 관련한 모든 사항을 전부 파악할 수 있도록 하자.

경기 도중 점검사항 2. 경기 중 전략 조정

개인적으로는 경기에 대비해 선수를 발굴해서 키우고 훈련하고 훌륭한 계획을 짜는 등의 과정에 대단히 많은 시간을 투자하고 중요성을 부여하는 편이다. 하지만 경기가 막상 시작되고 나면, 꼭 그 계획만을 고집하지 않는다. 경기 중에 발생하는 아주 작은 변화라도 승패의 향방을 뒤바꿀 수 있기 때문이다. 그래서 코치는 경기 내내 상황에 따라 준비해뒀던 계획을 조금씩 변화하고 조정할 줄 알아야 한다.

사실 경기 계획에는 특정 상황이 벌어졌을 때 대처법에 관한 일반적인 가이드라인이 포함되어 있어야 정상이다. 예를 들어 경기 종료 몇 분 전쯤에 동점이거나 마지막 순간에 지고 있다면 어떤 작전을 구사할지, 또는 파울 트러블에 걸린 선수를 언제 빼주고 언제 다시 기용할지, 파울 트러블은 몇 개의 파울을 범했을 때를 말하는지 등이다.

다시 한 번 강조하지만, 농구 경기의 규칙에서만 벗어나지 않는다면 전략에 관해서는 특별한 원칙이 따로 없다. 하지만 잘못된 판단 하나가 승리를 날려버릴 수 있고, 갑작스럽게 발생한 상황마다 즉시 최고의 대책을 제시하기는 어려우므로 가이드라인을 준비해두는 것이 현명하다.

그렇다고 해서 갑자기 미리 준비했던 경기 전체의 계획과 전략을 전부 바꾸는 것은 바람직하지 않다. 이는 준비 단계에서 계획을 잘못 짰

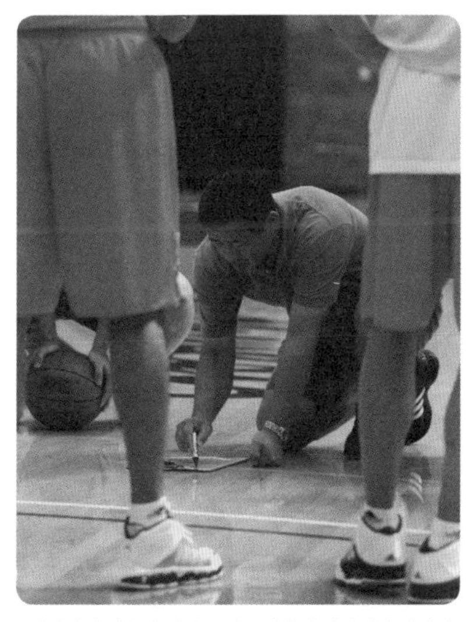

경기에서 사용할 전략은 반드시 훈련 과정에서 완성해서 가져와야 한다.

다는 사실을 스스로 인정하는 거나 마찬가지다. 이미 준비한 것을 기준으로 연습한 것들을 적절히 실행하는 방법이 가장 바람직하다.

어떤 감독은 가끔 하프타임에 이전까지 단 한 번도 연습해본 적 없는 전술이나 패턴을 선수들에게 주문하기도 한다. 하지만 경기 중간에 팀 전략의 뼈대를 뒤흔들거나 계속 많은 변화를 요구하는 것은 코치가 스스로 자신이 공황상태임을 드러내는 행위에 불과하다. 덤으로 선수들이 코트에서 단체로 공황상태에 빠지는 것은 놀랄 만한 일도 아니다.

경기 도중 점검사항 3. 자신을 스스로 제어하기

코치, 특히 감독은 팀에서 중추적 역할을 수행하는 사람이며, 당연히 그 팀을 대표하는 사람이다. 무슨 일이 생기든 선수들과 코칭스태프는 감독을 찾아 상의하기 마련이고, 대부분 그 지시를 따르게 된다. 그래서 감독이 팀을 향한 모든 비난을 감수하는 것은 당연한 일이다.

그런 위치에 있는 사람이 이성을 잃고 감정을 억제하지 못해 흥분한다면 어떻게 될까? 나머지 다른 팀 구성원들도 똑같이 반응하고 행동할 공산이 크다. 농구는 경기하다 보면 감정이 몸 밖으로 표출되고 격해지기 쉬운 스포츠다. 그런 감정이 행동으로 나타나서 테크니컬 파울로 이어지기도 한다. 경기의 승패에 결정적인 영향을 미칠 수도 있다. 또한 감독이나 코치의 행동은 관중에게 영향을 주기도 하는데, 이는 더욱 심각한 문제를 초래할 수 있다.

그래서 나도 항상 ― 경기장에서는 더욱 ― 신사적인 감독이 되려고 노력한다. 사실 근 20년 간 코치로 생활했고, 상무를 포함한 세 팀에서 총 10년 이상 감독을 맡아보면서 테크니컬 파울을 받은 회수는 손가락으로 꼽을 정도다. 무슨 성인군자라거나 인성이 좋은 사람이라고 자랑하려는 것이 절대 아니다. 나도 주체할 수 없는 격한 감정이 올라올 때가 종종 있다. 드러내놓고 분통을 터트린 적도 있고, 심판에게 강력하게 항의한 적도 있다. 심지어 만원 관중이 모인 경기에서 도중에 퇴장당한 적도 있다. 그래도 나는 경기에 임할 때마다 내 감정을 최대한 조절하고 경기에 집중하겠다고 매 순간 다짐하며, 선수들에게 좋은 본보기가 되려고 노력한다는 점은 자신 있게 말할 수 있다.

말 나온 김에 심판 이야기를 잠시 하자면, 경험이 많지 않은 심판일수록 빠른 타이밍에 테크니컬 파울을 주는 경우가 많다. 경험 많은 심판은 대체로 경기 흐름을 좌지우지할 수 있는 테크니컬 파울을 남발하지 않으려 한다. 오히려 먼저 다가와 '감독님, 흥분하지 마시고 앉으세요.'라

감독은 경기장에서 최대한 감정을 자제해야 하며, 선수들의 흥분도 제어해야 한다.

고 말하며 분위기를 조기 수습하려는 노련함을 보이기도 한다. 이런 상황이라면 그 심판의 말을 따르는 것이 바람직하다.

보통 초보 심판들은 평균 이상으로 긴장하기 마련이고, 당연히 다소 불안정한 상태일 수밖에 없다. 항의를 그 심판의 권위나 능력을 무시하는 행위로 받아들일 수도 있다. 그렇다고 해서 경험 많은 심판에게는 조금 더 강하게 덤벼도 된다는 이야기는 아니다. 그런 심판들은 대개 코치 자신이 농구 경력 전체를 통틀어 치른 경기보다 더 많은 경기에서 심판으로 활동했을 테니까 말이다.

그리고 심판도, 코치도 다 사람이고, 사람마다 성향은 다 다르다. 선수에게도 장단점과 특기가 있듯이 심판에게도 특히 잘 잡아내는 반칙이나 특히 더 민감한 부분이 있을 수밖에 없다. 그런 심판의 성향을 경기가 시작하기 전에, 또는 경기 초반에 파악하는 것 역시 코치에게 중요한 부분이며, 신경 써야 하는 사항이다. 그래야 경기 중에 어느 정도까지 심판에게 항의할 수 있는지 가늠할 수 있고, 불상사(?)를 미리 방지할 수도 있다.

다시 감독의 성정 이야기로 돌아와서, 자신의 감정을 조절하고 심판의 성향을 파악하는 것뿐만 아니라 상대 팀 감독의 심리를 잘 이용하는 것 역시 현명한 전술일 수 있다. 상대 팀 감독도 나와 비슷한 처지인 사람이다. 여느 코치와 마찬가지로 경기 중에 감정이 계속 격해지고 속이 부글부글 끓지만, 그걸 겨우겨우 참아내는 중이 틀림없다. 그 이유는 우리 팀 때문일 수도, 심판 때문일 수도, 또는 자기 팀 선수들 때문일 수도 있다. 어쨌든 가끔은 이런 점도 공략 포인트가 된다.

우튼 코치의 다음 이야기를 살펴보자.

"감독 초년병 시절 지역 라이벌 팀과의 경기였다. 4쿼터까지 맹렬히 추격했지만 점수차가 4점 이내로 좁혀지지 않았다. 나는 타임아웃을 부르고 선수들을 격려하며 더 열심히 뛰라고 말했다. 결국, 우리는 승부를 연장으로 끌고 갔고, 극적인 역전승을 거뒀다. 상대 팀의 테크니컬 파울도 우리 승리에 일조했다.
다음날, 영어학부 학장이던 찰스 박사와 만났다. 그는 어제 경기를 벤치 뒤에서 보고 있었다며 '별로 잘하고 있지도 않던데, 작전타임 시간에 선수들에게 잘한다고만 하더군?'이라고 물었다. 나는 '제가 할 말이 있었다기보다는 상대 감독에게 말할 시간을 주려고 (타임아웃을) 불렀습니다. 보니까 상대 감독이 엄청나게 흥분한 상태였고, 선수들에게 상처가 될 잔소리를 한가득 쏟아낼 기세였거든요. 그 상태에서 잘못하면 테크니컬 파울을 받을지도 모르겠다 싶었는데, 실제로 그렇게 됐습니다.'라고 대답했다."

이래서 감정 조절이 중요하다. 위의 내용처럼 적절한 시간에 타임아웃을 불러서 흥분한 상대 감독이 테크니컬 파울을 먹거나 선수들에게 신경질을 내게 하는 것은 그저 한 사례일 뿐이다.
거꾸로 말하면 자신의 냉정함을 유지하지 못하고 감정을 쉽게 드러내거나 스스로 통제가 안 되는 코치는 언제든지 위와 유사한 사례에서 '먹잇감'이 될 수 있다는 사실을 꼭 명심하기 바란다.

개인적으로는 될 수 있으면 경기 마지막 순간을 위해 작전타임을 최대한 남겨놓는 편이다. 하지만 경기 중에도 작전타임을 불러야만 하는 순간들이 있다. 다음과 같은 경우에는 경기 막판이 아니더라도 타임아웃을 신청할지 고민해볼 필요가 있다.

- 준비한 작전(들)이 제대로 수행되지 않을 때
- 이전에 구사했던 패턴(들)을 점검할 때
- 상대의 자유투 리듬을 끊기 위해
- 현재 수비(매치업 등)를 점검하기 위해
- 선수들이 혼란스러워하는 부분을 바로잡기 위해
- 상대 감독이 실수를 유발하게 하려는 목적으로
- 교체 없이 선수들에게 휴식을 주기 위해

또한 작전타임은 한정된 시간이므로 짧은 시간에 최대한 효과적으로 선수들에게 정확한 의사를 전달해야 한다. 잘하고 있는 사항들과 잘 못하고 있는 사항들, 기타 지시사항 등을 모두 전달하려면 시간 배분도 중요하다. 앞서 언급했던 경기 상황을 꼼꼼하게 살피기도 이 시간의 효율성에 크게 작용하는 요소다.

실제로 작전타임을 효과적으로 잘 써먹는 감독은 그렇지 못한 감독보다 한 수 위라 해도 과언이 아니다. 나 역시 타임아웃의 중요성을 절감하는바, 다음과 같이 순서를 정해서 진행하곤 한다.

1. 선수들이 벤치로 들어올 때, 나머지 선수들은 모두 일어나 뛰던 선수들이 벤치에 앉아 땀을 닦고 물을 마시게 배려한다.
2. 이 사이에 감독은 선수들에게 지시할 사항을 마음속으로 정리한다. 또한 코치들과도 의사소통한다. 이 과정을 충분히 거치면 보통 작전타임은 20초 정도밖에 남지 않는다.
3. 선수들 앞에 앉아 무엇을 해야 할지를 간결하고 명확하게 전달한다. 나는 제대로 하지 못한 것에 관해 길게 이야기하지 않는다. 작전타임 동안은 긍정적인 부분을 최대한 신속히 전달한다. 예를 들어 "더 적극적으로 공격 리바운드를 잡자"던지, "지금 박스아웃이 잘 되고 있어. 그러니까 리바운드 잡으면 최대

작전타임을 잘 써먹으려면 효율적인 커뮤니케이션이 필요하다.

한 빨리 속공으로 전개하자." 등과 같이 이야기한다.

작전타임 시간에는 모든 선수가 내 눈을 똑바로 바라보고 있으라고 주문한다. 그렇게 하지 않는 선수는 자신이 현재 피로하다는 사인을 보내고 있다고 판단해 교체하겠다고 약속한다. 이렇게 한번 정해두면 선수들이 적어도 작전타임 내내 나와 눈을 마주치려 한다. 눈을 마주치고 있다는 것은 감독의 말에 집중하고 듣는다는 의미기도 하다.

물론 어떤 때는 타임아웃이 전혀 효과적이지 않기도 한다. 당연한 일이다. 이 역시 왜 효과적이지 않았는지 수시로 점검하고 코칭스태프와 함께 논의해야 한다. 선수들과 최대한 효율적으로 의사소통했는지, 작전타임의 규칙을 적절히 만들었는지, 작전타임에서 해야 할 일들을 잘 준비했는지 확인하고 꾸준히 개선하자. 그러다 보면 타임아웃 기회를 제대로 살릴 수 있고, 효과도 더 커질 것이다.

경기 도중 점검사항 5. 하프타임 활용하기

하프타임은 보통 전반전 또는 1, 2쿼터 종료 후 10~15분 정도로 연령대와 협회 규정 등에 따라 조금씩 다르다. 어쨌든 거의 한 쿼터, 또는 전반전의 절반에 해당하는 긴 시간이므로 경기를 위한 재정비와 체력 비축, 휴식 등에 매우 중요한 순간이 틀림없다. 이 짧으면서도 결코 짧지 않은 시간을 어떻게 보내느냐에 따라 경기 후반의 양상과 흐름이 완전히 달라질 수도 있다.

보통 하프타임이 시작되면 선수들은 모두 라커룸으로 들어간다. 개인적으로는 처음 3~4분 정도를 선수들끼리 이야기하도록 배려하는 편이다. 나 역시 이 시간에 코치들과 이것저것 이야기를 나눈다. 서로 경기를 살피느라 부족했던 대화를 보충할 뿐만 아니라 주요 기록을 확인하기 위해서다. 경기 중 작전타임보다 훨씬 더 깊이 있고 중요한 지시사항을 전달할 수 있도록 준비해야 하고, 짧은 시간에 점검하기 어려운 부분을 점검할 필요도 있다. 나는 특히 이때 리바운드 현황에 관심을 많이 둔다.

정리가 다 되면 라커룸에 들어가서 선수들과 대화한다. 전반의 경기 상황이 어떻게 진행되었든지 간에 나는 선수들에게 최대한 긍정적으로 이야기하려 노력한다. 이는 작전타임이나 하프타임이나 마찬가지다. 그 황금 같은 시간을 부정적인 말이나 잘못한 것에 대한 질책으로 낭비하고 싶지 않기 때문이다. 낭비도 낭비지만, 앞서 말했듯이 불필요한 몇 마디 말로 한 선수 또는 팀 전체의 사기를 꺾는 것은 코치의 자질을 의심해볼 정도로 심각한 문제라 생각한다.

정말로 선수들에게 뭔가 변화나 개선이 필요한 점이 있다면, '후반전에는 어떤 것들을 어떻게 해야 하는지'의 형태로 이야기하는 방식이 좋다. 예를 들어 많은 점수차로 뒤지고 있다면, "한 번에 따라잡겠다고 덤비지 말자!"거나 "12점 차를 2분 만에 역전하려 하기보다는 흐름을 가져오는 것부터 시작하자!" 등의 이야기부터 시작한다. 전반을 접전으로 마쳤다면, "경기를 승리로 마무리하려면

상대에 따른 경기방법

코치는 경기 전에 상대가 우리 팀보다 강한지 약한지, 어떤 스타일의 경기를 하는 팀인지 알아야 한다. 최소한 누구에게라도 물어봐야 한다. 이런 작업을 전혀 하지 않는다는 것은 경기하기 전에 선수들에게 오늘 경기는 어떻게 풀어나가야 할지에 관해 아무 말도 할 수 없다는 의미나 마찬가지다.

선수들이 방심하지 않으면서도 더 편안하게 경기하고 상대 전략과 변화에 대응할 수 있게 하려면 상대 팀의 정보 수집과 연구는 필수다. 그래야 경기의 핵심 전략과 목표를 선수들에게 제시해주고 상대가 어떻게 나올지 시나리오를 만들어 대응책을 세워야 한다. 예측과 준비가 핵심이다.

다음은 팻 서밋 감독이 이야기했던 상대에 따른 기본적인 대응법이다.

● **상대가 우리 팀보다 아주 강할 때**

- 정교한 패턴을 사용해서 공격하며, 이른 타이밍에는 슈팅을 아낀다.
- 수비의 밸런스를 잘 유지하고, 불필요한 수비 플레이는 최대한 지양한다.
- 될 수 있으면 압박수비를 자제한다.

● **상대가 우리 팀보다 전력이 약할 때**

- 수비에서는 압박을 적절히 사용한다.
- 3점 숏과 속공을 꾸준히 계속 시도한다.
- 득점을 서두르지 말고, 자유투를 많이 유도한다.
- 가드들은 항상 압박수비를 대비한다.

● **상대가 우리와 전력이 엇비슷하고 영리하게 플레이할 때**

- 공격은 패턴 플레이 위주로 하고, 공격의 연속성을 유지한다.
- 수비에 중점을 두며, 불필요한 파울을 항상 조심한다.
- 시소경기는 경기 후반으로 갈수록 확률 높은 숏만 시도한다.

후반에는 수비를 더 강하게, 리바운드를 더 적극적으로 펼쳐야 하겠어."와 같은 이야기를 해줄 것이다. 경기를 리드하고 있다면, "후반에도 공세를 늦추거나 방심하지 않도록 더 집중하자."는 식으로 선수들을 독려할 것이다.

이렇게 긍정적인 메시지를 전달함으로써 선수들은 후반에 어떻게 경기를 펼칠지에 관해 각자 구상할 수 있고 자신감을 계속 유지할 수 있다. 어느 정도 사기 진작이 된 다음에는 남은 시간을 이용해 작전타임 때보다 더 자세하고 명확하게 전술적 접근을 시도해도 좋다.

경기 마지막 순간의 준비

농구에서는 시즌이 진행될수록 마지막 순간 승부가 결정되는 경기가 더 많이 발생한다. 게다가 처음 프로팀을 맡았을 때보다 승부는 더욱 치열해졌고, 전력은 더욱 비슷해졌다. 혹자는 프로농구가 '용병 싸움'이라고도 하지만, 이제는 소위 말해서 외국인 선수 잘 뽑았다고 등 따습고 배부르던 시절은 아닌 듯하다. 국내 선수들의 실력과 벤치의 전략, 외국인 선수에 대한 적응력 등이 모두 다 발전해서 경기하기가 더욱 힘들어졌다. 나 같은 감독이나 코치들, 선수들은 누구나 할 것 없이 매 경기 막바지에는 고도의 흥분상태를 경험하곤 한다. 물론 그 순간은 관중과 팬들에게도 흥분되는 순간이지만, 그 흥분의 느낌은 조금 다를 수도 있을 듯하다.

2014-15시즌 플레이오프 6강전에서 오리온스는 창원 LG 세이커스와 만났다. 우리는 이미 이전 두 시즌을 6강에서 머물렀던지라 이번에는 기필코 4강에 진출하고 싶었다. 첫 두 경기에서 1승 1패를 기록하고 홈으로 돌아와 치른 3차전에서 우리 팀은 4쿼터 마지막 순간 1점을 지고 있었고, 나는 마지막 작전타임을 불렀다.

종료까지는 20초가량 남아있어 상대의 반격 없이 한 차례 공격으로 경기를 마무리할 수 있는 상황이었다. 우리 팀에는 득점 1, 2위를 다투던 리오 라이온스와 트로이 길렌워터가 있었다. LG는 팀 파울에도 걸려 있었다. 충분히 해볼 만했다. 유일한 문제는 마지막 슛을 누구에게 어떻게 쏘게 하느냐였다.

먼저 코치들의 의견을 물었다. 그리스 출신 스티브 영 코치나 김병철, 조상현 코치 모두 길렌워터를 추천했다. 나 역시 정규리그 내내 꾸준히 득점 대부분을 책임져줬던 그를 선택하는 데 이견이 없었다. 3쿼터부터 득점포가 터지기 시작해 슛 감도 좋아 보였다. 그 자리에서 간단한 패턴으로 길렌워터에게 볼이 전달될 수 있도록 작전을 짰다.

결과는 우리 팀의 패배였다. 그는 외곽으로 나와서 슈팅을 시도했고, 볼은 림을 외면했다. 74-73 1점차 점수가 그대로 지켜지며 경기가 끝났다. 원래 벤치의 의도는 그가 인사이드에서 볼을 잡게만 하면 최소한 파울이라도 유도해서 자유투 기회 정도는 얻을 수 있다는 것이었다. 하지만 이 작전을 간파한 LG 수비진은 길렌워터의 인사이드 침투를 적극적으로 저지했고, 체력적으로 많이 소진됐던 그는 다시 안쪽으로 파고들지 못했다.

당시 나는 길렌워터가 약속된 플레이를 못했던 것보다 이런 상황을 미리 대비해두지 못했던 점이 너무 뼈아팠다. 그럴 때 사용할 세트 플레이를 준비해뒀다면 즉흥적으로 그 순간에 작전을 짜지도 않았을 거고, 길렌워터가 막히거나 예상과 다른 상황이 발생해도 선수들이 당황하지 않았을 것이 분명했기 때문이다.

우리는 뒤이어 치렀던 4차전에서 깔끔하게 승리하며 5차전까지 시리즈를 몰고 갔지만, 결국 원정에서 패하며 3년 연속 6강에서 머무를 수밖에 없었다. 물론 그때의 기억과 반성이 지난 시즌 철저한 준비 과정에 큰 교훈이 됐다고 생각하지만, 그래도 여전히 아픈 추억은 아픈 추억이다.

● 마지막 순간을 위한 코치의 준비

이렇듯 접전인 승부에서는 어느 팀의 코치가 선수들에게 적절한 작전이나 패턴을 제시했는지에 따라 승패의 향방이 아슬아슬하게 바뀌곤 한다. 그래서 모든 경기시간은 1분 1초가 다 중요하고 소중하지만, 종료 직전의 순간에 조금 더 심혈을 기울여야 할 필요가 있다. 어쨌든 농구가 '초와 분을 다투는 경기'란 점은 변

지난 시즌 높은 팀 공헌도를 보였던 길렌워터

함 없다.

일부 코치들은 이런 상황에서 작전의 필요성을 전혀 느끼지 못한다. 또는 그저 선수들의 노력만을 바라기도 한다. 더 나아가서 경기에서 패배했을 때 그 평계를 선수들에게 돌리기도 한다. 하지만 개인적으로는 코치로서 좋은 자세는 아니라고 생각한다.

어떤 면에서는 안타깝기도 하다. 실상은 그런 상황을 어떻게 대처해야 하는지 모르고, 그래서 전혀 준비하지 못했을 것이다. 마치 미지의 바다에서 표류하는 사람과도 같다. 어느 정도의 문제해결능력만 갖추면 대비가 그리 어려운 일만은 아니다.

그렇다면 이런 마지막 결정적 순간을 위해 코치가 추가로 준비해야 할 사항에는 무엇이 있는지 정리해보자.

- 상대가 전면 강압수비를 펼쳤을 때의 대응법
- 공격진영에서의 사이드라인 아웃 상황
- 공격진영에서의 베이스라인 아웃 상황

다양한 상황이 생길 수 있겠지만, 크게 위의 세 가지 정도로 나눠 전략을 세우고 세부전술을 구성해 연습해보자. 물론 상대가 지역방어를 이용할 때와 맨투맨 대인방어를 이용할 때 두 가지 가능성을 고려해야 한다. 또한 이기고 있을 때와 지고 있을 때 두 가지로 구분해서 대비할 필요도 있다. 조금 더 세분화할 능력과 연습시간의 여유가 있다면, 점수차에 따라 패턴을 나눠 준비해도 좋다.

어쨌든 위의 모든 상황은 경기 막바지에 촌각을 다투는 긴박한 순간에 벌어질 일들이다. 그래서 선수들이 순간적으로 판단해서 즉시 대응하기는 어렵다. 따라서 코치는 최대한 다양한 상황에 대비해야 하며, 선수들에게 명확히 지시를 내려줘야 한다. 이는 실전에 임하는 코치의 중요한 책임 중 하나다.

● 마지막 순간을 위한 플레이 선택

많은 특수 상황이 경기 중에 발생한다. 그 전부를 설명하고 논의하기는 불가능에 가까운 일이다. 그러므로 마지막 순간 사용할 플레이에도 기본적으로 기준과 원칙이 필요하다.

가장 먼저 패턴 자체가 명료하고 직관적이어야 한다. 그래야 선수들이 감독의 작전 지시를 듣고 코트에 나가서 머릿속이 하얗게 되거나 당황해서 낭패를 보지 않는다. 플레이가 너무 복잡해서는 안 되고, 가짓수도 너무 많지 않아야 한다.

다음으로 고려해야 할 점은 선수들에게 익숙한 플레이인가다. 비슷한 상황에서 이미 입증된 적 있는 득점 플레이나 그동안 많이 맞춰봤거나 성공률이 높았던 패턴도 좋다. 특히 마지막 상황에서 선수들의 재능을 최대한 활용할 수 있는 작전을 선택한다면 좋을 것이다. 예를 들면 특정 위치에서 3점 슛 성공률이 높은 선수라든지, 골밑 플레이에 능하거나 파울 유도를 잘하는 선수라든지 등이다. 그런 선수들의 실행능력에 알맞게 미리 작전을 설계해뒀다면, 정확히 실행할 확률은 더 높아질 것이다.

전술 구성은 앞서 언급했던 길렌워터 사례처럼 '일회성' 공격이 되지 않도록 하자. 한두 가지 정도 옵션을 더 주면 금상첨화다. 팀 공격의 밸런스를 잃지 않는 선에서 결정하자는 의미다.

경기가 끝나가는 시점에서 특수한 수비 플레이가 필요할 때도 있다. 우리 팀이 지고 있고, 상대가 볼을 소유하고 있을 때가 특히 그렇다. 이때의 수비는 말 그대로 '수비를 가장한 공격'이라 할 수 있다. 볼을 쫓아 소유권을 되찾아와야 하기 때문이다.

어떤 면에서는 특수 플레이라기보다는 수비 전술이라고 해야 더 정확한 표현이다. 예를 들면 순간적으로 트랩 디펜스를 펼치거나 지역방어로 전환하는 플레이, 또는 특정 선수에게만 슈팅 기회를 허용하는 것 등은 단순히 패턴이라고 분류하기 어려워 보인다. 수비가 파울로 공격을 끊는 행위를 파울 플레이라 하지 않고 '파울 작전'이라 하는 것처럼 말이다.

어쨌든 경기 막판에 수비에서 특수 작전을 펼치는 시도는 코칭스태프의, 특히 감독의 준비와 결단이 필요한 부분이다. 자칫 '양날의 검'으로 작용하는 확률 게임처럼 될 수도 있고, 최악에는 패배의 길로 직행할 수도 있기 때문이다. 하지만 두려워할 필요는 없다. 어차피 경기 결과에 책임을 지는 건 감독의 몫이고, 그렇게 하면서 적절한 타이밍과 전술 운용을 배우는 것이니 말이다.

필요하다면 각 전술마다 특정 사인을 지정해서 사용해도 괜찮다. 주어진 상황에서 각각의 플레이를 선수들이 인식하는 데 도움이 될 수 있다. 그 방식은 이름이나 숫자, 색깔 등 다양하게 적용할 수 있는데, 이 역시도 선수들이 구분하기 쉽게 정해두자.

● 마지막 순간을 위한 파울과 타임아웃 관리

잘 훈련된 팀이라면 경기 막판까지 2~3개의 타임아웃을 남겨놓기 위해 노력한다. 예행연습을 많이 해서 상황을 잘 이해하고 있어도 다시 한 번 선수들에게 이것저것 설명하고 세세한 역할까지도 점검할 필요가 있기 때문이다. 또한 마지막 순간에는 코트 위에서의 상황이 계속 급변하므로 짧은 시간에 전략을 재조정해야 할 경우도 종종 생긴다. 상대의 흐름을 끊거나 우리 팀의 호흡을 가다듬는 시간이 필요할 때도 있다.

과거에는 선수들이 유리한 지점에서 플레이를 시작할 수 있게 타임아웃을 부르는 것도 교육해야 했다. 지금은 규정이 바뀌어서 벤치에서만 부를 수 있지만, 예전엔 선수들이 이것을 제대로 인지하지 못해 아까운 기회를 놓친 적도 있었다. 타임아웃 개수를 고려하지 않아 테크니컬 파울로 도리어 손해를 본 적도 있다.

이에 관해 미국 농구 팬이라면 잘 알만한 유명한 일화를 하나 소개한다. 1993년 NCAA 토너먼트 결승에서 미시건 대학은 노스캐롤라이나 대학을 만나 종료 18초를 남기고 73-71 2점차로 뒤지고 있었다. 상대의 자유투 실패로 리바운드를 잡은 울버린스(Wolverines)의 2학년 에이스 크리스 웨버(Chris Webber)는 직접 볼을 드리블하며 상대 코트로 달렸고, 그 순간을 예상하고 기다리던 노스캐롤라이나의 수비수들은 차분히 그를 오른쪽 코너로 몰아 더블팀으로 트랩을 걸었다. 순간 당황한 웨버는 타임아웃을 부르는 동작을 취하며 사이드라인 밖으로 걸어나갔다.

그런데 이미 팀은 타임아웃을 다 써버린 상황이었고, 결국 웨버의 행동은 테크니컬 파울을 받았다. 이로 인해 미시건 대학은 더 어떻게 힘 써볼 도리 없이 77-71로 경기에서 패배, 2년 연속 토너먼트 준우승에 머물렀다. 이후 웨버는 NBA 드래프트에서 전체 1순위 지명을 받아 프로에서도 스타 플레이어로 한 시대를 풍미했지만, 이 역사에 길이 남을 사건은 끝까지 그를 따라다녔다.

그만큼 경기 막바지는 흥분되고 정신없는 순간의 연속임을 알아주기 바란다. 누구도 깜빡하는 사이에 실수할 수 있으며, 이는 경기의 승패로 이어진다. 파울과 타임아웃 관리는 그래서 마지막 순간에 더욱 중요해지는 것이다.

● 마지막 순간을 위한 선수들의 연습

연습시간을 얼마나 많이 잡아야 할지, 그리고 얼마나 효과적으로 사용할지는 코치들에게 영원한 숙제이자 심각한 과제다. 선수들에게 농구의 기본적인 측면을 가르치면서 각종 공격과 수비 전술을 숙달되도록 하고, 마지막 순간 일어날 수 있는 상황을 대비한 특수 플레이까지 챙길 수 있도록 연습시간을 배분하는 과정은 절대 쉽지 않은 일이다.

그러나 특수 플레이들은 훈련의 일부로 얼마든지 함께할 수 있다. 코치가 훈련을 진행할 때, 전체 연습이나 연습경기의 마지막 순간에 실전에서 벌어질 수 있을 만한 상황을 포함하는 것도 방법이다. 그 시간을 많이 할애하라는 이야기는 아니다. 꾸준히 조금씩이라도 한다는 것 자체가 중요하다는 이야기다. 치열한 경기에서 마지막 순간의 플레이는 결과를 결정짓는 중요한 요소기 때문이다.

나는 이런 상황을 평소 연습 때 간간이 넣어준다. 그리고 포스트 시즌을 앞두고는 매일 훈련시간에 반드시 포함한다. 아무래도 프로 리그에서는 특히 플레이오프에서 이런 상황이 더 많이 발생하기 때문이다.

● 경기 마지막 1~3초의 선택

경기를 치르다 보면 한 번쯤은 경기시간이 1~3초 정도밖에 안 남은 상황에서 의사결정을 내려야 할 때가 온다. 더 구체적으로 말하자면, 우리 팀에 공격권이 있고, 승리를 위해 한 골이 필요한 상황이다. 또는 동점을 만들어 연장으로 가야 할 수도 있다. 이를 어떻게 성공으로 만들 것인가? 최대 3초가 남았을 때, 시간을 잘 활용하고 상황에 딱 맞는 플레이와 전술을 사용한다면 최소한 한 번 이상의 슈팅 기회를 만들 수 있다(심지어 세 번까지 슛 찬스가 나는 경우도 본 적 있다).

물론 이 정도 짧은 시간에는 패스를 돌리고 드리블을 칠 시간은 없다. 당연히 슈팅 시도가 최우선 과제가 된다. 득점으로 연결되냐 아니냐는 그 다음 문제다. 득점하기 위해서는 반드시 슛을 먼저 쏴야 한다. 너무 당연한 이야기라 생각하겠지만, 그 의미를 정확히 이해해야 한다. 코치는 준비한 작전 중 상황에 가장 잘 맞는 플레이를 선택해서 선수들에게 지시해야 한다. 그것도 잔가지는 다 떼어내고 가장 간결하게 슛으로 연결할 수 있는 경로만 짚어준다.

작전타임 이후 어느 위치에서 공격을 시작하는지 역시 잘 생각해야 한다. 이렇게 짧은 시간이 남았을 때는 공을 코트 끝에서부터

운반하기가 쉽지 않으므로 타임아웃을 부른 뒤에 공격 진영, 또는 적어도 하프코트 위치에서 볼을 스로인할 수 있어야 한다. 소중한 시간을 아낄 수 있는 사항이다. 또한 상대 진영 엔드라인에서 공격을 시작한다면, 이는 빠른 시간 내의 득점으로 연결할 기회다. 과감한 시도를 하자.

다시 한 번 강조하지만, 이런 급박한 상황을 타개해나가는 데는 코치의 준비성과 선수들의 이해력과 실행력, 팀을 위한 희생정신 모두가 필요조건이 된다. 그리고 코치는 선택된 선수가 자신감을 느끼게 해줘야 한다.

이와 동시에 코치나 선수 모두 불필요하거나 무리한 플레이는 자제해야 한다. 일부 외국인 선수나 스타 플레이어 중에는 이런 순간에 영웅이 되려는 경향을 보이기도 한다. 하지만 팀이 이겨야 영웅도 있고 스타도 있는 법이다.

경기가 끝나고 난 뒤…

개인적으로는 경기 종료 후 라커룸에 돌아오면 하프타임 때와 마찬가지로 선수들을 대하는 방식이 좋다고 생각한다. 선수들에게 몇 분간 시간을 주고 그동안 코치들과 이야기하며, 라커룸에 들어가서는 승패와 상관없이 긍정적인 메시지를 선수들에게 전달한다.

장시간 이기느냐 지느냐를 놓고 투쟁한 선수들에게 긍정적인 메시지는 꼭 필요하다. 승리든 패배든 그 과정과 결과가 모든 선수에게 성장의 발판이 될 수 있다는 점은 굳이 더 설명할 필요가 없을 것이다. 경기에서 이긴 뒤라면 선수들에게 기쁨을 만끽하게 해주면서 이 상승세를 계속 유지해 나갈 수 있도록 독려해주자. 그간 승리를 위해 노력한 바를 칭찬해주고, 앞으로 더 높은 목표를 향해 더욱 노력하자는 메시지를 전달하는 것도 좋다.

특히 더 중요한 부분은 경기에서 패했을 때의 대처다. 감독 또는 코치로서 패배에 대한 책임감과 실망감을 통감하려는 자세는 당연하지만, 이것이 겉으로, 특히 선수들 앞에서 표출되지 않도록 최대한 억제하자.

경기에서 진 선수들을 긍정적으로 대하기는 더 어려운 일이다. 지고 싶어서 경기하는 선수는 없다. 패배에 낙담하는 건 선수들도 마찬가지다. 게다가 경기에 지고 나면 선수들은 대부분 감독과 코치들의 말 하나하나에 아주 민감해진다. 사기가 꺾이지 않고 다음 경기에 영향을 받지 않도록 다독일 필요가 있다는 이야기다.

다음과 같은 메시지가 그런 좋은 예다.

- 농구는 항상 이길 수만은 없는 경기다.
- 오늘 경기에서 잘 되지 않은 부분들을 고쳐나가면 더 좋은 팀이 될 것이다.

그리고 선수들이 이기기 위해 노력한 부분은 반드시 짚고 넘어가자. 경기에서 패했다고 해서 모든 것이 다 실패인 경우는 거의 없다. 잘한 것은 잘한 대로 칭찬받는 게 당연하다. 따라서 그런 부분은 반드시 칭찬해주자.

결론적으로 경기의 승패와 관계없이 코치가 선수들을 대하는 자세는 항상 긍정적일 수 있도록 노력하자는 이야기다. 그래서 개인적으로는 경기가 끝나면 항상 우리 팀 모든 선수와 하나하나 악수하며 노고를 위로하는 칭찬 한마디를 건네곤 한다.

물론 이렇게 해도 실망하는 선수들은 생기기 마련이다. 심지어 어떤 선수는 경기에서 이겼는데도 자신의 플레이에 만족하지 못하고 낙담하기도 한다. 이럴 때는 그냥 넘어가지 말고 다음 경기에 더 잘할 수 있다는 자신감을 불어 넣어주자.

승패와 상관없이 경기가 끝나는 시점에는 기분좋게 마무리해야 한다.

감독과 코치의 역할 중 가장 어려운 부분 중 하나는 좌절하고 사기가 떨어진 선수들의 열정과 정신력, 자신감을 다시 불러일으키는 것이다. 선수에게 신뢰감을 주고 긍정적인 이야기를 계속 건네며 사기를 북돋우는 건 코치가 얼마든지 할 수 있지만, 결국 그 상황을 딛고 일어서야 할 사람은 선수 자신이기 때문이다. 너무 몰아붙이거나 그냥 방임하기보다는 그 선수의 성향에 맞게 적절한 관심과 배려, 지원 등을 제공한다면 최대한 빨리 에너지를 재충전시킬 수도 있을 것이다.

코치의 리더십은 경기에서 이기고 우승을 차지했을 때보다는 패배했거나 힘든 고난을 헤쳐나갈 때 더욱 빛나는 법이라는 사실을 반드시 기억하기 바란다.

작전 이야기는 다음 기회에

마지막으로, 경기가 끝난 직후에는 전술이나 선수들의 실수에 대해 절대로 언급하지 않는다. 십수 년 동안 감독직에 있으면서 그런 이야기는 완벽한 시간 낭비임을 깨달았기 때문이다.

경기에서 이겼어도 마찬가지다. 선수들은 승리로 기쁘거나 패배로 낙담한 상태다. 아무리 냉철한 선수라 해도 당장 그 자리에서 경기에 관한 이야기를 이성적으로 판단하고 논리적으로 받아들이기는 불가능에 가깝다.

경기를 마친 상황에서 방금 끝난 경기 내용은 사실 별로 중요하지 않다. 그보다는 선수들이 승리에 너무 도취하거나 패배에 실망하지 않고 적절한 감정을 유지하도록 조절해주는 배려가 더 중요하다. 그리고 그 일을 가장 잘할 수 있는 위치에 있는 사람이 감독이기도 하다. 전략이 어땠고 경기 내용이 어땠고는 다음 연습시간에 이야기하면 된다.

선수들의 감정적 분위기를 조절하는 좋은 방법 하나는 다음 상대에 관한 언급이다. 그저 상대 팀 이름만 거론해도 선수들은 바로 다음 경기에 대한 긴장감을 어느 정도 갖게 된다. 게다가 패배 이후 다음 상대를 언급한다는 것은 이번 경기 결과를 다음 경기에서 갚아주겠다는 의지를 선수들에게 심어줄 수 있고, 승리 이후라면 여전히 넘어야 할 목표가 또 있다는 사실을 일깨워주는 계기가 된다.

스포츠의 승부는 냉정하다!

경기를 치르다 보면 비교적 수월하게 이길 수 있겠다 싶을 정도로 전력이 약한 팀과 만날 때도 있다. 이럴 때도 코치들의 머릿속은 복잡하게 돌아간다. 왜 그러냐고? 대회 일정이나 팀의 내부사정을 고려하면, 이참에 주전들의 체력도 아끼고 평소 열심히 해온 벤치 멤버들에게 더 많은 기회를 줄 수 있지 않을까 해서다.

여기서도 감독 스타일에 따라 몇 가지 유형으로 나뉜다. 아예 선발에서 주전 몇 명을 제외하고 경기를 시작하는 팀도 있고, 어느 정도 점수차가 벌어진 다음에 교체해주는 팀이나 아예 경기를 전반적으로 느슨하게 플레이하는 팀도 있다.

그러나 가끔은 이렇게 머리를 쓰다가 뜻대로 되지 않을 때도 있다. 상대가 오히려 더욱 사기를 북돋우며 저돌적으로 달려드는 통에 우리 팀은 당황해 경기를 망치거나 썩 좋은 모습을 보이지 못하기도 한다. 심지어 제대로 경기를 마무리할 수 없어 베스트 멤버가 다시 코트에 들어오고, 벤치에서는 고성이 오가며 가까스로 승리하는 사태도 벌어진다. 개인적으로도 그런 경험이 여러 번 있었고, 그래서 얻은 교훈은 다음과 같다.

1. 어떤 팀과 경기하더라도 시작부터 최선을 다한다. 확실히 역전패를 당하지 않을 점수차와 시간대가 되기 전에는 다음 모드로 전환하지 않는다.
2. 모든 경기에서 우리 팀의 컬러를 그대로 유지한다. 그래야 뒤에 들어가는 벤치 멤버들도 그와 똑같이 경기할 수 있다. 그리고 이렇게 해야 팀에 도움이 된다.

어찌 보면 냉정한 이야기일 수도 있지만, 농구뿐만 아니라 어떤 스포츠든 점수차를 줄여주거나 느슨하게 플레이하는 것이 상대에 대한 배려가 절대 아니다. 지고 있는 팀 역시 그런 분위기를 기대해서도 안 된다. 1점 차이든 100점 차이든 진 건 진 거고 이긴 건 이긴 거로 생각해야 하며, 최선을 다한 결과를 모두 인정하는 문화가 조성되어야 맞다.

특히 이런 현상은 배우는 과정에 있는 어린 선수들을 가르칠 때 일종의 '선의'처럼 행해지곤 하는데, 개인적으로는 오히려 더 그러지 말아야 한다는 생각이다. 끝까지 최선을 다하는 자세가 스포츠의 기본 태도임을 정확히 가르칠 기회로 여기자. 그리고 그렇게 해야 경기에서 진 선수들도 배울 점이 더 많아진다. 지난 번에는 20점 차로 졌는데 이번에는 10점 차로 졌다고 해서 우리 팀의 실력이 10점만큼 좋아졌다고 할 수도 없다.

패배한 팀은 상대를 배려하지 않았다고 승자를 괘씸하게 생각하지 말자. 심히 자기중심적이다. 오히려 전력 차이가 나는데도 상대가 끝까지 최선을 다해 경기에 임해줘서 우리의 현재 위치와 수준, 그리고 앞으로 개선해야 할 문제점들을 정확히 알게 해준 데 대해 감사하자.

제8장

컨디션 관리와 체력 훈련

원래 컨디셔닝(conditioning)의 사전적 의미는 특수한 상황에서 특정 방식으로 행동할 수 있도록 사람 등이 훈련하는 과정 또는 행위 정도가 된다. 따라서 운동선수의 컨디셔닝은 그 운동 종목에 맞는 최고의 몸 상태를 만들어 유지할 수 있도록 특화된 신체능력을 갖추는 과정이라고 볼 수 있다.

우리 운동 문화에서 컨디셔닝은 보통 체력 훈련과 거의 비슷한 말처럼 쓰이긴 한다. 원래 컨디셔닝은 그보다는 조금 더 넓은 의미다(휴식이나 식이요법 등도 컨디셔닝의 수단이 되기 때문이다). 훈련을 통한 체력 육성이 주를 이루는 것은 사실이지만 말이다.

요즘 농구선수들은 예전보다 신장이 커졌고, 체격도 비대해졌다. 그래서 더 강해지고 더 빨라졌다. 이런 추세 때문에 경기에서 신체적 우열의 격차는 아주 미세해졌고, 농구에 필요한 체력을 다지고 최상의 컨디션을 만들어 경기에 임하는 준비 과정은 필수사항이 됐다. 컨디셔닝이 잘 된 팀은 특히 경기가 끝나기 전 몇 분 동안 더욱 빛을 발한다.

이런 이유로 비시즌 (또는 경기나 대회가 없는 기간) 동안 컨디셔닝 프로그램을 통해 지속적으로 체력을 강화·발달시키고, 시즌에는 이를 유지하기가 농구팀의 중요한 훈련 과제 중 하나가 된다. 말 그대로 일 년 내내 좋은 컨디션을 계속 가져가야 한다는 의미다. 농구가 엄청난 체력소모를 요구하는 종목임을 고려한다면, 그리 간단한 숙제가 아님을 쉽게 알 수 있으리라 생각한다.

그래서 현대의 농구코치는 완벽한 기술 지도와 전략의 창출, 상대에 대한 철저한 준비 외에도 선수들의 '컨디션을 잘 조절하고 최대로 끌어올리는 능력'이란 중요한 자질을 하나 더 갖춰야만 하는 시대에 살고 있다고 해도 과언이 아니다. 전체적인 훈련 계획 수립을 위해서라도 컨디셔닝 프로그램에 관한 기본 수준 이상의 지식은 익혀둬야 할 것이다.

그리고 농구코치는 농구경기를 하기 위해 선수들의 몸 상태를 만들어야 한다. 몸 상태를 만들기 위해 스포츠를 이용하는 것은 잘못된 방향이다. 그 미묘한 차이를 먼저 이해하기 바란다.

다음 페이지에는 코치가 알아두면 유용한 컨디셔닝 프로그램 관련 사항들을 정리해뒀다.

컨디셔닝 프로그램의 몇 가지 기초 지침

- 신체의 균형은 선수의 최고 상태를 위해 중요하다. 발목이나 무릎 인대 등에서 좌우 균형이 무너진 선수는 부상에 아주 가까워진 거나 다름없다. 그뿐만 아니라, 개인기술의 완벽한 구사 역시 신체의 상하좌우 균형에 크게 좌우된다.

- 운동과 휴식은 상호 균형적이어야 한다. 고강도로 운동했다면 반드시 적당한 안정과 회복이 뒤따라야 한다. 요즘 추세는 과도한 운동을 불필요한 것으로 취급하는 분위기다.

- 모든 체력적 요소가 균형 있게 발달해야 한다. 근력은 반드시 유연성과 조화를 이뤄야 하며, 근지구력과 심폐지구력, 신체의 균형까지 골고루 갖춰야 운동능력을 최대로 발휘할 수 있다. 예를 들어 근력보다 유연성이 많이 떨어지는 선수는 웨이트 트레이닝을 할 때 근육 경직을 자주 경험하게 된다.

- 항상 최고의 신체 상태를 유지한다. 시즌 중에만 그러자는 소리가 아니다. 생활방식 자체를 그렇게 유지할 수 있도록 노력하라는 의미다. 최고의 선수들은 일 년 내내 그 모습 그대로 유지하거나 평생 건강한 삶을 살 수 있도록 운동습관을 관리한다. 체력 수준을 항상 일정하게 유지하기는 결코 쉬운 일이 아니다. 체력은 증진보다 감퇴가 2~3배쯤 더 빠르게 진행되는 경향이 있다. 아무리 관리를 잘 해왔던 선수도 운동을 멈춰버리면 2주 안에 눈에 띄게 큰 체력 감소를 절감한다.

- 훈련 외 시간도 훈련시간만큼 중요하다. 완벽한 컨디셔닝을 위해서라면 훈련에 들이는 노력 못지않게 영양섭취나 수면, 휴식 등에도 많은 노력을 기울여야 한다.

- 과정을 알차게 계획하자. 운동선수의 컨디셔닝은 아무래도 안전성과 효율성, 효과 등에 중점을 둘 수밖에 없다. 여기에 흥미를 북돋워줄 수 있다면 금상첨화다. 실제로 훈련 프로그램을 진행하다 보면 많은 선수가 컨디셔닝을 즐겁지도 않고 만족스럽지도 않은 과정으로 생각한다는 사실을 알게 된다. 지루해지지 않도록 프로그램을 재미있게 구성하자. 예를 들면 전술 훈련에 심폐기능을 향상하는 컨디셔닝을 집어넣는다든지 등이다(제4장에서 잠시 언급했던 공수전환 훈련 등과 같이 말이다). 문자 그대로 얼마든지 '돌 하나로 새 두 마리를 잡을 수 있다.'

- 훈련 동작은 정확하게 하자. 아무리 고강도 훈련이라 해도 선수들의 초점을 '정확한 동작'에 두게 한다. 부정확한 동작은 기대한 만큼의 효과를 거둘 수 없게 하고, 결국 비효율적인 결과를 가져다준다. 잘못된 자세가 습관으로 굳어질 수도 있다. 올바르게만 한다면, 아무리 난도 높

부상 방지를 위한 컨디셔닝 프로그램은 팀에게나 선수에게나 모두 중요하다.

은 훈련이라도 반복을 통해 얼마든지 점차 적응할 수 있다.

- 정확한 훈련 동작은 부상 방지를 위해서도 필요하다. 앞서 설명한 컨디셔닝의 정의(의미)를 고려한다면, 컨디셔닝의 일차 목표는 부상 방지, 이차 목표는 운동능력 개선이 되어야 한다. 훈련은 안전이 기본이다. 부상으로 벤치에 앉아만 있는 상황은 팀에게나 개인에게나 최악의 결과다.

- 컨디셔닝 프로그램을 계획할 때는 F.I.T.T. 원칙을 고려하자(박스 내용을 참조하자).

컨디셔닝의 기본 원리 F. I. T. T.

어떤 형태의 체력 훈련 프로그램이든 그 목적은 신체의 컨디셔닝과 연관한 특정 혜택을 얻는 것이다. 이 혜택을 최대한 많이 얻기 위해서는 몇 가지 지켜야 할 규칙이 있다. 스포츠의학에서는 이를 트레이닝의 원칙(Principle of Training)이라고 하며, 개인 또는 팀에 적합한 맞춤형 훈련 계획을 세우는 기준이다.

- F – 횟수(Frequency), 얼마나 자주 할 것인가
- I – 강도(Intensity), 얼마만큼의 강도로 할 것인가
- T – 운동 유형(Type), 어떤 운동을 할 것인가 ***
- T – 시간(Time), 얼마 동안 할 것인가

*** 두 개의 T를 구분하기 위해 Type 대신 '운동의 목록'을 의미하는 Repertoire의 R을 집어넣어 F. I. T. R.로 설명하는 경우도 있다.

컨디셔닝 프로그램에서 중요한 구성요소는 근력과 지구력, 그리고 유연성이다. 각 요소는 저마다 나름의 중요성을 지니므로 농구 기술과 함께 골고루 발달되어야 한다. 지금부터 각 요소별로 훈련하는 방법에 관해 살펴보자.

파워 충전 근력(Strength) 훈련

과거에는 과도한 근력 훈련이 슛의 정확성에 안 좋은 영향을 미치고, 근육을 경직되게 해서 유연성을 떨어뜨린다고 믿는 농구코치가 많았다. 그런 믿음이 꽤 오랜 세월 통용됐지만, 현대에 와서는 오히려 그 반대 관점으로 바뀌었다. 그렇지 않다는 사실을 많은 코치가 성공적으로 보여줬기 때문이다. 요즘은 근력을 최상의 운동 능력을 발휘하기 위한 가장 기초적인 체력으로 간주한다.

오늘날 건장한 육체를 가진 농구선수는 코치에게든 상대 선수들에게든, 심지어 팬들에게까지도 두려운 존재처럼 여겨진다. 이런 유형의 선수는 경기 중에도 마치 '백보드를 부숴버릴 듯이,' 그리고 흐르는 볼을 사냥하기 위해 전력질주하는 것처럼 보인다. 자신감이 넘치며 강한 모습으로 비친다는 의미다.

건장한 육체는 근력 훈련장(또는 웨이트룸이나 헬스장)에서 체계적인 훈련과 꾸준한 노력으로 탄생한다(물론 재활훈련이나 물리치료, 통증 치료 등과는 별개의 이야기다).

농구팀의 근력 훈련은 보통 세 가지 주기로 운용된다. 이 세 가지는 비시즌 기간과 시즌 준비 기간, 그리고 시즌 중에 경기를 대비할 때를 각각 의미한다.

참고로 유연성 훈련 또한 세 가지 주기에서 모두 강조해야 하며, 비시즌 기간과 시즌 준비 기간에는 근력 훈련 직후에 개인별로 스트레칭을 덧붙인다. 이 기간에는 지구력 보강에도 힘써야 한다. 유연성과 지구력 이야기는 뒷부분에서 조금 더 언급한다.

근력 훈련의 일차 목표는 근육량 늘리기다. 체중 조절과 전체적인 근력 수준의 향상을 도모하자는 의미다. 두 번째 목표는 집중력 향상인데, 개인 간의 경쟁을 유발해 동기를 부여하고 공동 목표를 위해 훈련에 열심히 임하도록 한다. 이 과정에서 팀워크도 자연스럽게 생겨난다.

현재 우리 팀의 사례를 이용해 설명하자면, 보통 비시즌에는 일주일 중 5일을 훈련하고, 신체의 근육마다 일주일에 세 번씩 훈련한다. 그중 한 번은 최대 무게를 들어 올리는 무거운 운동을 한 세트에 5번씩 반복하며 올 아웃(all-out, 자신이 가진 힘을 완전히 발휘하여 움직이지 못할 때까지 하는 것) 될 때까지 실시한다. 이것이 충분히 훈련되면, 다음번 훈련에는 무거운 무게로 훈련한 날의 대략 15%에 해당하는 가벼운 무게로 운동한다.

비시즌에는 인터벌 트레이닝과 다소 다른 개념의 형식적이지 않은 러닝 프로그램을 이용하며, 선수들은 훈련 일정에 따라 대부분 시간을 계속해서 연습을 진행한다.

시즌 직전이 되면 일주일에 2일씩 근력 훈련을, 일주일에 3일씩 심폐 지구력 훈련을 배정한다. 이 시기의 근력 훈련은 비시즌 기간에 발달시켰던 근력 위에 폭발적인 파워를 얹는 데 초점을 둔다.

또한 선수들은 웨이트 트레이닝이 끝난 이후에도 유연성 훈련과 슈팅 훈련 등을 계속 진행한다. 물론 그 전에 훈련을 시작할 때 준비된 신체가 될 수 있도록 러닝 훈련과 민첩성 훈련도 포함한다.

시즌이 시작되면 근력 훈련 일정은 일주일에 두 번으로 줄이고, 컨디셔닝과 유연성 훈련은 각각 담당 코치들 또는 트레이너들이 알아서 진행한다. 시즌 중 근력 훈련의 목표는 근력을 유지하고 파워를 높이는 것이며, 신체 모든 부분을 골고루 훈련하는 형태가 된다.

농구에 필요한 기초 웨이트 트레이닝

웨이트 트레이닝은 등장성 운동(isotonic exercise)을 이용한 대표적인 근력 훈련법이다. 등장성 운동은 근육에 가하는 부하(무게 또는 저항이라고도 한다.)에 따라 근육 수축이 발생하고, 수축하는 동안 근육의 길이가 변하는 운동을 의미한다.

등장성 운동에서 주의할 점은 근육의 수축 단계인 포지티브 동작보다 이완 단계(lengthening phase)인 네거티브 동작에 더 초점을 맞춰야 한다는 것이다. 포지티브 동작은 무게(또는 저항력이나 중력)의 반대 방향으로 힘을 가하는 구간을, 네거티브 동작은 같은 방향으로 힘을 가하는 구간을 의미한다. 다시 말해서 무게를 들어 올릴 때보다 제자리로 돌아올 때 더 가볍고 천천히 움직여야 한다는 의미다.

근육조직과 체형, 근력 등이 균형 있게 발달해야 한다는 점 역시 주의사항이다. 근력 훈련 프로그램은 보통 특정 부위 한두 곳만 발달하도록 짜여있지 않다. 신체의 중심을 이루는 큰 근육(대근육)을 중심으로 고르게 운동하자. 특정 부위만 집중적으로 훈련하거나 다른 부위의 훈련을 게을리한 선수라면 잠재적 손상 위험성이 꽤 높다고 봐도 된다. 잘못된 운동습관만 들이지 않는다면 단단한 근육을 구축해 많은 손상에서 벗어날 수 있다.

근력 훈련은 대부분 가능한 한 짧은 시간에 집중적으로 해야 좋다. 무게가 적을수록 더 천천히 들어 올리며, 내리기 전에는 1초 정도 멈춘다. 그리고 완벽한 자세로 반복해야 최대 효과를 얻을 수 있다. 점진적 개선을 위해 동료에게 도움을 받아도 좋다. 마지막으로 운동한 내용과 발전된 사항, 동기부여에 관해서는 꾸준히 기록하는 습관을 들이자.

이제부터는 농구팀의 근력 훈련에 자주 이용되는 웨이트 트레이닝의 각 운동법에 관해 설명한다. 운동하는 방법과 어느 부위에 해당하는 운동인지 확인하면서 보자. 실제로 직접 해보면서 읽어봐도 좋겠다. 운동마다 한 세트에 8~12번 정도씩 반복한다. 한 번의 반복 주기에 최대 근력의 60~80%에 해당하는 힘이 들어가게 하자.

● 벤치프레스(Bench Press)

어깨너비로 그립을 잡는다. 평평한 벤치에 등을 대고 눕는다. 낮

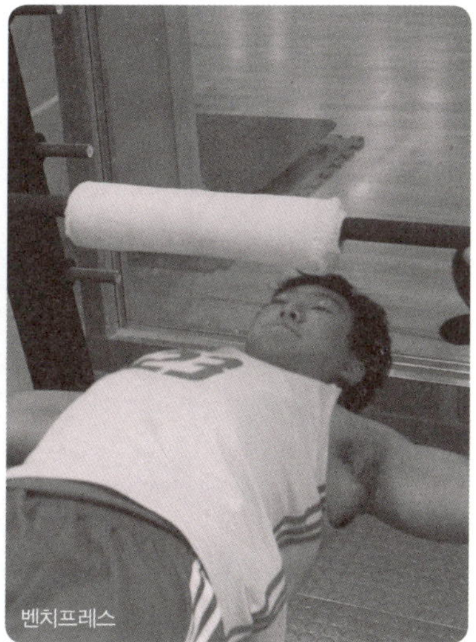

은 무게로 바가 가슴의 중앙에 닿을 때까지 천천히 내리고, 위로 올린다. 양발이 지면과 수직이 되도록 하고 엉덩이는 항상 벤치에 붙인다. 될 수 있으면 보조자와 함께한다.

이 운동은 가슴과 어깨, 삼두근 운동이다.

● 인클라인 벤치프레스(Incline Bench Press)

45도 경사의 인클라인 벤치를 이용한다. 어깨너비로 그립을 잡는다. 목 아래 가슴 위쪽을 터치할 때까지 내렸다가 다시 랙(rack)으로 밀어 올린다. 무게를 스스로 통제할 수 있을 정도로만 한다. 항상 등과 엉덩이는 들어 올리고 내리는 동안 벤치에 댄다. 될 수 있으면 보조자와 함께한다.

이 운동은 가슴 상부와 어깨, 삼두근 운동이다.

● 클로즈그립 벤치프레스(Close Grip Bench Press)

일반적인 벤치프레스와 같은 기술을 사용한다. 대신, 보통보다 30~35㎝ 정도 안쪽으로 바를 쥔다. 될 수 있으면 보조자와 함께 한다.

이 운동은 삼두근과 어깨, 가슴 운동이다.

● 플라이(Fly)

수평이 잡힌 벤치(이하 플랫 벤치)에 누워서 한다. 두 개의 덤벨을 쥐고 얼굴 위로 최대한 뻗는다. 그때 팔꿈치를 서서히 접어서 몸으로부터 먼 쪽으로 서서히 내린다. 가능한 한 최대로 스트레칭한다. 그리고 다시 원위치한다.

이 운동은 가슴 운동이다.

● 행 클린(Hang Clean)

파워 클린의 변형이다. 파워 클린처럼 엉덩이 근육 근력을 폭발적으로 늘려주며, 배우고 가르치기는 더 쉽다. 7~8㎝ 높이 상자 위나 무릎 높이에서 바벨을 들어 올린다. 똑바로 서서 무릎을 약간 구부리고 딥(dip) 자세를 취한다. 다리 넓이는 어깨너비만큼 넓힌다. 이 자세에서 몸을 점프하듯이 위로 펴면서 어깨는 쉬러그 자세를 취한다. 바벨을 당기면서 무게를 손목 위에 둔다. 무게중심을 어깨 위에 둔 채로 반복한다. 빠르고 폭발적인 동작으로 시행한다.

이 운동은 엉덩이와 다리, 등 운동이다.

● 쉬러그(Shrug)

행 클린의 보조동작이다. 무게중심을 어깨 위로 너무 높이 두지 말고 바벨을 어깨높이로 끌어온다. 동작 중에는 팔꿈치를 고정하며, 쉬러그 동작 직후에는 살짝 멈춘다. 엉덩이를 사용하면 더 폭발적인 운동이 된다. 익숙해지면 무게를 늘린다.

이 운동은 승모근과 등 상부, 엉덩이, 다리 운동이다.

● 파워풀(Power Pull)

이 역시 행 클린의 보조동작이다. 바벨을 위로 들어 올리는 동작을 마무리할 때 어깨에 걸치지 않는다는 점을 제외하면 행 클린과 모든 동작이 일치한다. 당기는 동작을 끝낼 때 팔꿈치는 손목보다 위에 있어야 한다. 바벨은 적어도 가슴 위치까지는 당겨야

한다. 동작할 때 엉덩이와
다리를 이용해야 한다는 점
을 기억하자. 폭발적인 동작
으로 시행한다.

이 운동은 엉덩이와 다리,
등 상부 운동이다.

● 풀업(Pull-up)

소위 말하는 '턱걸이'다. 하지만 관절가동범위를 최대로 하기 위
해 어깨너비보다 조금 넓게 그립을 잡고 한다. 오버핸드 그립(손

등이 몸쪽으로 보이는 그립)과
언더핸드 그립(손가락이 몸
쪽으로 보이는 그립)을 번갈아
시행한다. 매회 팔을 펴서
몸을 아래로 완전히 내리고,
올릴 때는 턱이 바(철봉)보
다 높이 있어야 한다는 점
을 명심하자.

이 운동은 등 하부 스트레
칭과 광배근 운동이다.

● 리버스 풀업(Reverse Pull-up)

일반 풀업과 달리 양손으로 낮은 철봉에 매달리고 발은 바닥에 댄 상태로 운동한다. 철봉의 높이는 양팔을 최대한 당겼을 때 턱이 바 위로 올라올 수 있을 정도여야 한다. 동작의 매커니즘은 풀업과 똑같다. 발은 움직이지 않으며, 다리부터 상체까지를 곧게 일자로 펴서 유지한다. 숙달되면 발을 짐볼이나 계단, 상자 위에 올리고 해도 좋다.

이 운동은 등 근육과 가슴, 팔과 어깨 운동이다.

● 벤트오버 로우(Bent-over Row)

무릎을 구부리면서 허리를 숙이고, 지면에 놓인 바벨을 어깨너비보다 조금 넓게 그립을 잡는다. 바닥에서 수직으로 바벨을 들어 올려서 복부 부근에 닿도록 한다. 바벨의 원판(plate)을 거의 바닥에 닿을 때까지 내렸다가 다시 들어 올리기를 반복한다.

이 운동은 등 근력을 단단하게 하며, 스트레칭에도 좋은 운동이다.

● 풀오버(Pullover)

기본 벤치프레스 자세와 달리 머리가 벤치의 수직 방향을 향하게 눕는다. 보조자의 도움을 받아 20~25cm 정도 넓이로 바를 잡는다. 팔꿈치를 구부려 바가 지면에 닿을 때까지 머리 뒤쪽으로 서서히 내린다. 그리고 얼굴 위로 바를 다시 들어 올린다. 이 동작을 계속 반복한다. 무게를 당길 때 숨을 내쉰다.

이 운동은 광배근과 가슴 운동이다.

● 백 스쿼트(Back Squat)

삼각근과 승모근 사이의 홈에 바를 올려놓는다. 등 아랫부분을 활처럼 둥글게 하고, 무게중심은 언제나 엉덩이 위에 있어야 한다. 다리는 어깨너비보다 약간 넓게 하고 발가락은 약간 바깥쪽으로 향하게 한다. 랙(rack)과 보조자의 도움을 받자. 대퇴부가 지면과 수평이 될 때까지 바와 함께 천천히 앉는다. 이때, 머리는 치켜들고 시선은 정면을 응시한다. 몸을 일으킬 때는 반동을 이용하지 않는다. 무릎은 언제나 발끝보다 앞에 있어야 한다.

이 운동은 엉덩이와 다리, 등 하부, 그리고 신체의 전반적인 발달과 근력을 자극하는 운동이다. 또한 남자에게 가장 좋은 운동 중 하나로 알려졌다.

● 레그 컬(Leg Curl)

얼굴을 기구 위에 대고 엎드린다. 발은 패드 아래 두고, 무릎은
벤치 끝에 가도록 한다. 손잡이를 잡고 패드가 엉덩이에 닿을 때
까지 구부린다. 이때, 발끝도 함께 구부린다.

이 운동은 허벅지(햄스트링) 운동이다. 근육을 무리하게 사용하지
않도록 조심하자.

● 카프 레이즈(Calf Raise)

기구를 이용해 다양한 방식으로 할 수 있는 운동이다. 바벨을 이
용하거나 보조자와 함께할 수도 있다. 어떤 방식을 선택할지는 그
리 중요하지 않다. 무릎을 고정하고 발목을 최대 관절가동범위로
움직이는 데 집중하며, 엄지발가락에 모든 압력을 보내도록 한다.

이 운동은 종아리 운동이다.

● **벤치 점프**(Bench Jump)

가장 기초적인 플라이오메트릭스(Plyometrics) 운동이다. 마루에
서서 상자 등을 이용해 50~90cm의 다양한 높이로 오르락내리락
한다.
이 운동은 폭발력을 발달하게 하는 운동이다.

● **비하인드 넥프레스**(Seated Behind Neck Press)

일반적으로 전용기구나 벤치를 사용하지만, 플랫 벤치에서 해도
무관하다. 플랫 벤치에서 할 때는 몸을 앞쪽으로 약간 기울이고,
바는 목 뒤에 오도록 한다. 보조자가 뒤에 앉아 훈련을 보조하면
좋다. 팔이 완전히 펴지도록 밀어 올리고 천천히 내린다. 최대한의
관절가동범위로 움직이며, 상체를 꼿꼿하게 세운 상태여야 한다.
이 운동은 어깨 운동이다.

● **벤트오버 레터럴**(Bent-over Lateral)

양손에 덤벨을 쥐고 허리를 앞으로 숙인다. 무릎도 약간 구부린
다. 상체를 기준으로 뒤쪽으로 플라이 동작을 시행하고, 팔을 반
원을 만들듯이 움직인다. 덤벨은 신체로부터 위로 멀리 뻗어주듯
이 하면 된다. 항상 덤벨의 무게를 적절히 조절해서 한다.
이 운동은 삼각근 후면부 운동이다.

● 라잉 트라이셉스 익스텐션(Lying Triceps Extension)

기본 벤치프레스 자세와 반대 방향으로 머리가 놓이도록 플랫 벤치에 눕는다. 컬 바(curl bar)의 안쪽 그립을 잡는다. 팔을 최대한 곧게 펴고, 바가 이마에 닿을 때까지 천천히 전완근을 내렸다가 다시 시작 위치로 돌아온다. 팔을 곧게 펴는 동안 팔꿈치가 흔들려서는 안 되며, 등과 엉덩이는 벤치에 맞닿아 있어야 한다.

이 운동은 삼두근의 근력과 크기 강화를 위한 최고의 운동이다.

● 트라이셉스 푸쉬다운(Triceps Pushdown)

여러 기구를 사용할 수 있다. 기구와 마주 보고 서서 오버핸드 그립으로 바를 잡는다. 양 손은 10~15cm 정도 간격으로 벌린다. 팔꿈치는 몸과 가까이하고, 팔을 움직이는 동안 고정해야 한다. 팔은 최대한 곧게 편다.

이 운동은 삼두근 운동이다.

● 바벨 컬(Barbell Curl)

바는 일반 바와 컬 바 모두 사용해도 좋다. 여기서는 소위 6-6-6이라 부르는 전통적인 트레이닝법을 활용한다. 최대 관절가동범위의 절반 정도로 6번 반복하고, 무게를 절반 정도로 내리고 6번 반복한 다음, 최대 관절가동범위로 6번 반복한다. 이것이 한 세트다. 과도한 백스윙은 피한다.

이 운동은 이두근 운동이며, 높은 강도를 요구하는 어려운 운동이다.

● 레그 익스텐션(Leg Extension)

주로 전용기구를 이용한다.
기구에 앉아 손잡이를 잡고
양발을 발걸이에 맞춘다. 다
리를 위로 쥐어짜듯이 올린
다. 최대한 올렸을 때 잠시
멈춘다. 근육에서 긴장을 늦
추지 않은 채로 다리를 천
천히 내린다.
이 운동은 허벅지 근육과
대퇴사두근 운동이며, 무릎

레그 익스텐션

주변 근육과 인대 강화에도 도움이 되는운동이다.

● 해머 컬(Hammer Curl)

플랫 벤치에 앉아서 두 개의 덤벨을 사용하는 운동이다. 각 덤벨
을 번갈아 들어 올리며, 언제나 덤벨 끝을 바닥과 수직으로 향하
게 한다. 흔들리게 동작하지 않는다.
이 운동은 전완근과 이두근 운동이다.

● 싯업(Sit-up)

흔히 윗몸일으키기라고 부르는 복근 훈련이다. 복근 훈련은 빠뜨
리면 안 되는 중요한 훈련이다. 복근을 강하게 해줄 뿐만 아니라
허리의 문제를 피할 수 있다. 바닥에서 무릎을 구부리고 하거나

보조자가 발을 잡아주고 할 수도 있다. 발은 바닥과 평평히 하고 몸쪽으로 바짝 당긴다. 손과 팔은 어깨 위에 올려 신체 앞쪽으로 위치한다. 상체를 들어 올리고 내릴 때는 등이 지면에 닿도록 한다. 25~30회씩 2~3세트 정도로 충분히 반복한다.

지구력(Endurance)의 중요성

많은 전문가가 농구의 90%를 무산소 운동으로 분류하지만, 실제로 농구는 신체의 세 가지 에너지 체계를 모두 활용하는 스포츠다. 그 세 가지는 유산소 운동과 무산소 운동, 그리고 젖산 체계다. 따라서 무산소 운동을 중심으로 이 모두를 고려한 훈련이 필요하다.

무산소 운동을 이용한 훈련은 높은 강도의 활동, 즉 인터벌이나 스프린트 훈련, 그리고 실제 농구경기를 포함한다. 무산소 훈련은 무겁고 힘든 호흡을 가져다주며, 심하면 운동을 마친 후에도 산소가 계속 소비되는 산소 부채(Oxygen Debt)라는 결과를 초래한다. 강렬한 운동량으로 모든 것이 소진됐을 때, 육체는 정상적으로 돌아오기까지 여분의 긴 회복 주기를 가져야 한다. 예를 들어 빠르게 가로채기를 하거나, 코트를 뛰어다니거나, 강력한 덩크를 할 때 무산소성 에너지 체계가 사용된다.

유산소 체계는 비록 농구에서 첫째로 이용되는 에너지 체계는 아니지만, 무시해서는 안 된다. 유산소성 훈련은 선수들의 회복시간을 단축하고, 피로 발생을 늦추고, 시간이 더 필요한 운동을 수행하게 하고, 심폐지구력 증진과 체중 조절 혜택도 제공한다. 특히 장기간의 시즌을 나기 위해서는 시즌 내내 체력적으로 버틸 수 있도록 지구력의 기초를 다져야 한다. 그래서 비시즌 기간에 이 지구력 관련 훈련을 병행할 필요가 있다.

대표적인 훈련으로는 장거리를 천천히 달리는 운동을 의미하는 LSD 훈련(Long Slow Distance Training)을 꼽는데, 보통 이 훈련을 하려면 30분 이상 시간을 투자해야 한다.

유연성(Flexibility) 강화와 스트레칭

연습이 끝나면 대충 체조나 하고 마무리하던 시절은 옛날이야기가 된 지 이미 오래다. 많은 운동생리학 전문가가 훈련이나 경기 후 스트레칭이 운동 전 스트레칭보다 훨씬 더 중요하다고 지적한다. 요즘에는 일정 수준 이상의 운동생리학 전문지식을 습득한 코치도 많이 늘어났고, 프로농구가 출범한 후로는 전문 트레이너를 통해 관련 기술을 배우고 실제 훈련에 이용하는 일이 일반적이다.

그 덕분인지 모르겠지만, 국내 농구선수들의 운동 한계 연령이 최근 10~20년 사이에 많이 높아졌다. 이제는 삼십 대 중반을 넘기고도 좋은 활약을 보여주는 선수가 많아졌다. 이전까지 덜 주목받았던 유연성 훈련에 투자한 결과가 어느 정도 반영됐을 것이다. 개인적으로 매우 바람직한 현상이라 생각한다.

그러나 기술 발달이나 근력, 지구력 훈련을 더 중시하는 코치 중에는 여전히 유연성 훈련을 대충 진행하는 사람도 있긴 하다. 심지어 선수들의 상태에 따라 무시하고 지나치는 경우도 있다.

유연성 능력은 그 나름의 장점이 있으므로 간과해선 안 된다. 특히 관절가동범위를 늘리고 선수들의 파워와 운동능력을 향상하게 한다. 또한 체내 순환 증진과 인지능력 발달, 심신 이완 등의 효과도 있다. 그러므로 운동 전후와 도중에 '스트레칭을 잊지 말자!' 개인적으로는 유연성 프로그램 직후에 체육관에 가서 슈팅 연습을 하는 방식을 권하고 싶기도 하다.

유연성은 선수 보호 차원에서도 큰 의미를 지닌다. 경기나 훈련 도중에 근육 손상을 단 한 번이라도 경험해본 사람이라면 그 중요함을 절감할 것이다. 거의 모든 코치에게는 부상으로 팀의 유능한 선수를 잃어본 경험이 있다. 그러므로 선수들이 유연성 부족으로 아까운 시간을 허비하지 않도록 훈련 일정을 잘 계획하기 바란다. 그리고 이런 부류의 부상은 누구에게나 일어날 수 있는 일임을 선수들에게 상기시키자.

농구에서의 유연성 프로그램은 발목부터 무릎, 대퇴부, 엉덩이, 몸통, 어깨, 팔꿈치, 손목까지 신체 전체와 관련된다. 특히 발목과 무릎, 어깨 등 손상되기 쉬운 관절 훈련에 조금 더 노력을 기울여도 좋다. 유연성 훈련은 매일 또는 중간 강도 이상의 활발한 운동 전후에 집어넣자. 그리고 될 수 있으면 훈련의 마무리 운동(또는 쿨다운 단계)에 스트레칭을 꼭 포함하라고 권장하고 싶다.

유연성 훈련을 시작하기 전에 신체를 따뜻하게 하고, 분당 심장 박동수가 100회를 넘어가지 않도록 운동 강도를 조절한다. 전미농구코치협회 자료에 따르면 한 번의 훈련에 최소 7~8분 이상을 유연성 개선에 할애하면 좋다고 한다. 비중과 시간이 적어 보여도 꽤 가치 있는 훈련이 될 것이다.

유연성 향상 훈련에는 여러 방법이 있지만, 기본적으로 정적 스트레칭(Static Stretching)을 우선순위에 놓자. 팔다리를 포함한 각종 관절이 자발적으로 천천히 스트레칭 되는 효과를 주기 때문이다. 또한 손상 위험성은 감소하고, 훈련 수행에 더 적은 양의 에너지를 소모하게 한다(단, 스트레칭 과정에서 가벼운 불편함이나 근육의 당김을 느낄 수 있다). 흔히 말하는 '스트레칭'과 각종 '몸풀기 체조' 등이 모두 정적 스트레칭에 해당하며, 종류 역시 여러 가지다.

다음은 전미농구코치협회에서 발표한 적절한 스트레칭 훈련의 한 사례다. 각 스트레칭 자세는 호흡을 5회 들이쉬고 내쉬는 동안 (또는 10~30초 사이로) 지속하는 것이 좋다. 세세한 운동법에 얽매이기보다는 훈련 진행 방식과 흐름을 살펴보며 이해하자. 그리고 자신의 팀과 선수들에 맞게 적절히 응용하기 바란다.

주의사항: 훈련 계획을 세울 때 준비 운동과 마무리 운동은 15분을 넘지 않도록 한다. 선수들에게는 운동 전의 신체적, 정신적 준비가 필요하고, 운동 후의 쿨다운도 필요하지만, 언제나 그렇듯이 너무 과하면 바람직하지 않다.

유연성 강화를 위한 스트레칭 훈련

1. 코트를 적당한 속도로 2분~2분 30초 정도 뛴다.

운동할 때 필요한 근육과 힘줄이 단단해지도록 강도를 높여준다. 또한 달리기는 평소에 허용되지 않던 근육의 운동범위가 늘어나도록 자극을 주기도 한다.

2. 네 줄로 앉되, 주장은 선수 그룹과 얼굴을 마주 보고 앉는다.

① 무릎과 대퇴부 스트레칭: 다리를 쭉 뻗고 무릎을 모아 바짝 붙인다. 이 상태에서 허리를 숙여 이마가 발끝에 닿도록 한다. 그리고 다음 두 가지 동작을 추가로 시행한다.

    a. 허리를 숙인 채로 몸에서 가장 먼 부분의 다리나 발을 잡고 5초 동안 자세를 유지한다. 이를 적당한 횟수만큼 반복한다.

    b. 이번에는 다리를 양쪽으로 넓게 벌린다. 허리를 숙여 오른손을 왼쪽 다리의 가장 먼 부분에 닿게 하고 5초 동안 자세를 유지한다. 그다음에는 반대로 왼손을 오른쪽 다리로 뻗어서 5초 동안 자세를 유지한다. 이를 적당한 횟수만큼 반복한다.

② 대퇴부와 엉덩이 스트레칭: 양 발바닥을 서로 맞대고 몸쪽으로 바짝 당긴다. 팔꿈치를 무릎과 종아리 부분에 대고 누른다. 이 자세를 '버터플라이 자세(Butterfly Stretch)'라고도 부른다.

③ 엉덩이 근육 스트레칭: 왼쪽 다리를 접어 오른쪽 무릎 위에 놓

는다. 가슴 방향으로 무릎을 당겨 5초 동안 자세를 유지한다. 그 다음에는 반대로 오른쪽 다리를 왼쪽 무릎 위에 놓고 같은 자세로 5초 동안 유지한다. 이를 적당한 횟수만큼 반복한다.

④ 허리 근육 스트레칭: 양다리를 바짝 붙이고 무릎을 굽혀 가슴 쪽으로 바짝 당긴다. 양팔로 다리를 감싸고 몸 전체를 둥그렇게 말아서 앞뒤로 왔다 갔다 구른다.

⑤ 등과 목 근육 스트레칭: 누운 상태에서 구르기를 하듯이 양발을 머리 뒤쪽으로 넘겨 지면에 닿도록 한다. 이때, 숨을 크게 내쉰다. 다시 다리를 반대로 넘겨 지면에서 15*cm* 정도 들어 올려 15~20초가량 그대로 유지한다. 뒷머리는 땅에, 두 팔은 허리에 대고 발은 하늘을 향하게 한다.

⑥ 배 근육(복근) 스트레칭: 배를 지면에 대고 흔들의자처럼 위아래로 왔다 갔다 구른다. 등은 활처럼 휘도록 비틀고, 양팔로는 팔굽혀펴기하듯이 상체를 들어 올렸다 내렸다 한다.

⑦ 대퇴사두근 스트레칭: 무릎을 꿇고 앉는다. 몸 전체를 뒤로 기울여 머리가 지면에 닿을 수 있도록 한다. 이때, 넘어지지 않도록 양손을 바닥에 댄다.

3. 서서 하는 스트레칭 훈련법

① 대퇴부 스트레칭: 양발을 넓게 벌린다. 왼쪽 다리 방향으로 상체를 완전히 기울인다. 이때, 오른쪽 다리는 뒤로 길게 뻗어 왼쪽 발과 오른쪽 발이 직각을 이루게 한다. 그다음에는 반대로 오른쪽 다리 방향으로 한다. 이를 적당한 횟수만큼 반복한다.

② 옆구리와 등 근육 스트레칭: 두 손으로 깍지를 끼고 양쪽 옆구리 방향으로 각각 기울인다. 이를 적당한 횟수만큼 반복한다.

③ 발목 힘줄과 인대 스트레칭: 마치 발목으로 걷듯이 바닥을 양발의 안쪽과 바깥쪽으로 걷는다.

4. 벽에 대고 하는 스트레칭 훈련법

① 대퇴부 스트레칭: 한쪽 손으로 발등을 잡고 엉덩이 쪽으로 뒤로 당긴다. 이때, 다른 한 손은 벽에 대고 몸을 지탱하며, 상체는 곧게 편다.

② 아킬레스건 스트레칭: 벽을 등에 지고 양손과 등을 바짝 붙인다. 발뒤꿈치를 아래로 누르면서 발등을 위로 들어 올린다. 이때 양쪽 무릎을 서로 바짝 붙이고 떨어지지 않게 한다.

5. 마무리 운동 (다시 네 줄로 정렬한다.)

① 발 앞부분과 발뒤꿈치를 이용한 가벼운 조깅

② 속보로 걷기: 뒷발의 앞부분과 발뒤꿈치를 지면에서 누르면서 들어 올려 앞으로 뻗는다. 빠른 속도로 시행한다.

③ 넓은 보폭으로 걷기: 뒷발의 앞부분과 발뒤꿈치를 지면에서 누르면서 들어 올려 앞으로 뻗는다. 중간 속도가 되도록 천천히 시행한다.

④ 스프린트: 발 앞부분과 발뒤꿈치를 이용해 2회 실시. 전속력으로 뛴다.

농구에 필요한 체육생리학

최상의 운동수행능력은 신체적, 심리적 특성과 같은 선수의 기초 능력과 훈련을 통해 향상할 수 있는 운동능력, 기술에 좌우된다. 하지만 코트에서 그 수행능력을 최대한 발휘하려면 생리적 요인 또한 중요하다. 이에 관해 자세히 설명하자면 책 몇 권 분량이 따로 나와야 한다. 여기서는 가장 기본적인 것들만 살짝 확인하자.

운동선수라면 항상 일정 체력 수준 유지가 가장 기본이다. 그리고 훈련 시에는 자신의 최고 운동능력을 수행할 수 있을 만큼의 체력 수준에 도달하는 데 초점을 맞춰야 한다.

가장 먼저 강조하고 싶은 부분은 절대로 과체중이어서는 안 된다는 점이다. 과체중이 되면 최상의 운동능력을 갖추기 어렵기도 하지만, 선수 생명에 크게 지장을 줄 수 있다는 점이 더 문제다. 일단 농구는 전력질주와 점프 등의 동작을 끊임없이 반복하는 운동이기 때문에 체중이 과하게 많이 나가면 허리와 무릎, 발목 등의 하체 관절과 근육에 계속 필요 이상의 과부하가 걸릴 수밖에 없다. 결국, 체력이 더 빨리 소모되며 부상 확률도 훨씬 높아진다.

신체접촉이 불가피한 운동이므로 근육량과 근력을 높이는 것은 중요하지만, 체중 관리가 함께 이뤄져야 한다는 점을 명심하자. 참고로 체지방 적정 범위는 남자가 10~20%, 여자가 15~25% 정도다. 이 수준을 유지하자.

다음은 운동선수의 신체에 필요한 필수 영양소들이다.

● 물

선수에게 가장 중요한 영양소다. 최상의 운동 수행을 위해 많은 양의 물 섭취가 필요하다. 미국대학스포츠의학회(American College of Sports Medicine, 이하 ACSM)에서는 하루 8잔의 물 섭취를 권장하고 있다. 체내에 더 빠르게 흡수되는 기능을 지닌 스포츠음료(이온음료)가 개발되긴 했지만, 경기 도중에 갈증을 더 많이 유발하는 관계로 물을 선호하는 선수가 더 많다.

● 기본 영양소

균형 있는 식단 섭취가 필요하다. 미국 농림부에서는 균형 있는 식사를 위한 기본 지침으로 탄수화물 60%, 단백질 20%, 지방 20% 비율을 권장한다. 매 식사를 꼭 똑같은 비율로 맞춰서 먹기는 불가능에 가깝지만, 기본적으로 이 비율을 숙지해두자.

특히 지방 섭취에 유의할 필요가 있다. 지방에는 여러 긍정적 기능이 있어 꼭 섭취해야 하지만, 과다섭취하면 운동능력을 떨어트릴 수 있다. 그리고 지방은 탄수화물이나 단백질보다 칼로리의 밀도가 높은 편이라 섭취량 조절이 더 어렵다.

● 보조 영양소

섬유질과 비타민, 무기질 등이 이에 해당한다. 섬유질은 모든 곡물류와 과일, 채소 등에서 얻을 수 있다. 비타민 중에서는 주로 비타민 B와 C, E의 섭취에 신경 쓰자. 칼슘 역시 농구선수에게 특히 중요한 성분 중 하나다.

참고로 ACMS에 따르면, NCAA에서는 비타민 C와 종합비타민제만을 선수에게 권장하며, 그 외의 다른 보충제는 어떤 훈련 프로그램에서도 권장하지 않는다. 보충제 섭취가 유익하든 무익하든, 위험하든 위험하지 않든 간에 보충제의 장점이 다른 단점들을 완벽히 다 가려주지는 못한다는 사실을 알아두자.

선수들은 운동수행능력을 높일 수 있는 스테로이드 성분이 함유된 보충제의 유혹에 빠지기 쉬운데, 스테로이드 성분은 언제나 사용에 특히 더 주의해야 한다. 과용하면 오히려 신체에 해가 될 수 있다. 최근에는 선수 보호를 위해 스테로이드 성분이 조금이라도 들어간 식품은 관계 기관에서 강력하게 규제하는 추세다. 따라서 치료 목적으로만 사용하되, 사용해도 문제가 없는지 사전에 확인을 꼭 거치기 바란다.

공식 리그나 대회의 경우, 검사를 통해 규정 외 약물을 복용하거나 투여한 선수를 강력하게 제재한다. KBL에서도 검사에서 적발되어 일정 기간 선수활동을 정지당했던 사례가 있다. 잘못하면 선수 생명과 직결될 수 있는 사안이므로 항상 조심하자.

농구에서의 피로유발요인 3가지

스포츠 종목 대부분에서 선수들을 최고 컨디션에 도달하지 못하게 하는 대표적인 피로유발요인은 운동 과부하와 수면 부족, 탈수 등 세 가지다.

농구에서 가장 흔한 부상은 너무 혹독하거나 긴 훈련에서 비롯되는 과사용 부상이다. 이런 운동 과부하의 대표적 사례가 퇴행성 부상이다. 유소년기와 초중고 시기를 거치면서 훈련량만큼 회복 훈련을 충분히 하지 못해 결국 부상으로 조기 은퇴하는 선수가 많다. 훈련량을 조절하고 양보다는 질적으로 완벽한 훈련에 초점을 맞춰야 하겠지만, 훈련과 회복에 관한 기초 지식을 익히고 관련 프로그램을 활용해 부작용을 최소화할 필요도 있다. 전문 트레이너나 컨디셔닝 코치가 없는 학교 농구부나 아마추어 팀 코치라면 더욱 유의하기 바란다.

다음 주요 요인은 수면 부족이다. 수면은 신체의 균형 회복 과정에 중요한 요소 중 하나다. 잠을 제대로 못 자면 다음 날 운동수행능력에 영향을 받는다. 인간은 잠을 저장해 놓고 필요할 때마다 꺼내 쓸 수 없다. 최상의 운동 수행을 위해서는 하루 6~8시간 수면이 필수적이다.

어떤 면에서는 선수들이 자고 일어나는 것까지 코치가 챙겨야 한다는 게 다소 과하다고 생각할 수 있다. 하지만 우리나라처럼 합숙훈련이 보편적인 운동 문화에서는 코치가 이런 부분도 깊숙이 관여할 수밖에 없다. 처음부터 컨디셔닝 프로그램의 일부라고 생각하면 편하다.

세 번째 요인은 탈수 현상이다. 탈수는 운동수행능력에 즉시 영향을 미친다. 거의 모든 선수가 운동하는 내내 체내에서 수분이 빠져나가고, 어느 수준 이상이 되면 정상 활동에 어려움을 겪는다. 그래서 갈증이 가시기 전에 수분을 섭취해야 한다. 인간의 신체는 갈증 자동조절장치가 잘 작동되지 않기 때문이다.

두 시간 이상 운동할 예정이라면 도중에 스포츠음료 섭취를 권장한다. 마라톤 같은 장시간 운동에는 더욱 필요하다. 신체가 원하는 필수성분을 물보다 효과적으로 공급할 수 있기 때문이다. 단, 스포츠음료는 카페인음료와 마찬가지로 탈수 상태든 아니든 이뇨 현상을 일으킨다.

코치가 되는 일이 꿈 같은 생각이라 여기던 때가 있었습니다. 어떻게 보면 행운과도 같은 기회를 만나 코치 생활을 시작한 지 벌써 20년이 됐습니다.

언젠가는 그 축복을 예전의 제 모습처럼 코치란 직업으로 새로운 발걸음을 내디디려는 사람들에게 나눠줘야겠다고 항상 다짐했습니다. 그저 지난 20년 동안 보고 듣고 느끼며 익혔던 경험과 배움을 나누는 것만으로도 누군가에게는 조금이나마 도움이 되지 않을까 하고 생각했습니다.

물론 누군가를 가르치는 직업이 절대 쉬운 일은 아니라고 생각합니다. 그 점은 코치 생활을 하면서 매우 절감했고, 지금도 여전히 어려움을 겪고 있습니다. 그 내용을 이렇게 활자화해서 글자로 전달하는 재주도 여러모로 많이 부족하다고 생각합니다.

　그리고 대한민국 농구계에는 훨씬 더 훌륭하고 농구의 발전에 선구자적 역할을 하신 분들이 더 많이 있습니다. 멀리 故 이성구 선생님부터 시작해서 김영기 총재님과 방열 감독님, 김인건 감독님, 정봉섭 감독님 등 후배들에게 큰 가르침을 주신 선배 코치들도 많습니다. 일일이 열거하지는 못하지만, 프로와 성인 무대뿐만 아니라 초중고 및 유소년 농구 등에서도 다양한 지도방식과 농구 철학, 스타일을 갖고 좋은 유망주를 발굴해서 지도하신 분도 많습니다. 그런 분들의 훌륭한 코칭 방식과 가르침의 노하우가 모두 기록으로 다 남아있지 않아 매우 안타깝습니다.

　훌륭한 선배들과 비교하자면 보잘것없는 지식이지만, 그래도 코치가 되기 위해 필요한 자세와 심리적 갈등요소들을 해결하는 방법, 팀을 만들어가는 과정과 스포츠생리학을 비롯해 농구에 필요한 여러 기본적인 사항들을 정리해보고 싶었습니다. 이미 다 알고 있는 내용이라 별반 도움이 안 될 수도 있고, 코치마다 각자의 철학과 가치관, 지도방식, 스타일 등이 다르므로 큰 영향을 주지 못할 수도 있다고 생각합니다. 그런 점은 겸허히 받아들이려 합니다.

　미디어가 발달하면서 농구 관련 정보의 양은 엄청나게 늘어났습니다. 이제는 세계농구의 현황이나 최근 유행하는 작전, 전술 등을 어느 정도 잘 알고 있는 기자나 마니아도 많아졌습니다. 어떤 이들은 아주 방대한 지식과 예리한 관점을 갖고 있기도 합니다. 저 역시 그런 도움을 받아 전설적인 미국 유명 코치들의 저술과 정보를 꾸준히 접할 수 있었습니다. 그런 내용을 이 책에도 일부 인용했고, 전문 트레이너들에게 받은 조언과 도움 역시 일부 포함했습니다.

그러나 코치란 직업은 그저 정보 습득에서 그치면 안 된다는 생각입니다. 결국, 코치는 책임을 지고 팀을 운영해야 하며, 어떻게 하면 더 잘 지도할 수 있을지 고민하는 리더이기 때문입니다. 같은 내용이라도 제한된 시간에 효과적으로 선수들의 눈높이에 맞춰서 코치가 가진 지식과 노하우를 전달하려면 정말 치열한 노력이 필요하다고 생각합니다. 그러면서도 항상 상대 팀을 이기고 좋은 성적을 거두기도 해야 합니다. 그래서 탄탄한 지식을 바탕으로 이론을 정립하고 항상 연구하고 분석하는 능력을 강화하며 독창적인 훈련 기술과 연습법을 개발해야 합니다.

또한 코치는 선수뿐만 아니라 구조적으로 학교나 구단, 학부모, 관중과 팬 등 여러 가지 관계의 한가운데에 놓이게 됩니다. 관계 지향적인 사람이 될 수밖에 없습니다. 결국, 이를 지탱하는 힘은 신뢰라고 봅니다. 특히 선수들과의 신뢰는 코치에게 생명과도 같습니다. 이를 바탕으로 일체감을 만들어야 좋은 팀으로 발전할 수 있다고 생각합니다. 상하관계의 서열상 우위를 이용해 무조건 시키는 대로 따르게 하는 게 아니라, 도덕적 행동과 농구 지식으로 팀의 비전을 제시하고, 목표를 세워 차근차근 성장하는 팀을 만들어가며, 선수들을 하나의 인격체로서 올바른 삶을 영위할 수 있도록 도와주는 조력자가 될 수 있다면, 코치로서 느낄 수 있는 최고의 행복을 얻을 수 있지 않을까 생각합니다.

농구의 저변 확대가 여전히 잘 안 되는 현실은 농구인의 한 사람으로서 가장 가슴 아픈 일입니다. 초중고 팀은 오히려 과거보다 줄었습니다. 각급 학교 농구팀이나 농구교실 등의 열악한 지도자 처우로 재능 있고 포부가 큰 코치 재목들이 한계에 부딪히고 있습니다. 최근 제정된 김영란법이 혹시라도 이런 상황을 더 위축시키지 않을까 걱정입니다. 더 많은 젊은 농구 지도자가 뜻을 펼칠 수 있도록 제도적 보완과 인프라 구축이 더 되었으면 좋겠습니다.

무엇보다도 국내 농구가 한 단계 더 발전하려면 농구를 하고 싶어 하는 어린 선수들이 많아져야 합니다. 그래야 그중에서 특출한 재능을 가진 선수도 나오고 스타 선수도 나올 수 있습니다. 선수가 늘어나고 경쟁이 더욱 활발해진다면 기술농구가 실종되고 농구 수준이 저하된다는 일부의 부정적 시선도 금방 사라질 것입니다. 농구행정을 맡으신 분들께서는 이 점에 특히 더 많은 관심을 두시고 농구인들 또한 모두 발 벗고 나서주셨으면 하는 바람입니다.

아무쪼록 이런 제 소박한 바람과 의도가 이 책을 통해 잘 전달될 수 있었으면 좋겠습니다. 아울러 국내의 많은 농구인, 특히 농구를 가르치거나 가르치고 싶어 하는 사람에게 이 책이 좋은 농구코치의 삶에 도전하는 계기가 된다면 아주 기쁠 것 같습니다. 또한 앞으로 농구를 사랑하는 사람이 더욱 늘어나고 지금보다 더 많은 사람이 농구를 즐기고 관심있어 한다면 더욱 좋겠습니다.

마지막으로 저를 농구인의 삶으로 인도해주신 고교 시절 은사 김진수 선생님과 정해영 선생님, 그리고 상무에서 제게 코치의 길을 열어주신 김홍배 감독님과 박광호 감독님께 이 자리를 빌려 진심으로 감사드립니다. 제가 농구를 더 열심히 공부할 수 있도록 함께 근무하는 동안 틈틈이 좋은 농구 원서를 소개해주고 번역을 도와줬던 여러 국제업무 담당자들에게도 감사의 인사를 전합니다.

끊임없이 제 앞에 던져졌던 쉽지 않은 선택의 기로에서 흔들리지 않고 계속 전진할 수 있었던 것은 전부 사랑하는 아내와 가족이 불어넣어준 용기 덕분입니다. 누구보다도 항상 저 자신을 믿음으로 지지해주고 한결같은 성원을 보내주는 아내와 가족에게 감사하고 사랑한다고 말하고 싶습니다.

참고문헌

- 『Basketball's Half Court Offense』 _ John Calipari
- 『NBA Coaches Playbook』 _ National Basketball Coaches Association
- 『Basketball Skill&Drills』 _ Jerry V. Krause/ Don Meyer/ Jerry Meyer
- 『NABC Drill Book』 _ National Basketball Coaches Association
- 『Coaching Team Basketball』 _ Tom Crean , Ralph Pim
- 『Coaching Basketball』 _ National Basketball Coaches Association
- 『Basketball Offense&Plays』 _ Ken Atkins
- 『Winning Basketball』 _ Ralph L Pim, ED.D.
- 『Winning Defense』 _ Del Harris
- 『Basketball And Philosophy』 _ Jerry L. Gregory Bassham
- 『Coaching Basketball Successfully』 _ Morgan Wootten
- 『Preparing For Special Situations』 _ Herb Brown
- 『농구 바이블』 _ 방열

심장을 뛰게 하라

추일승 코칭 에세이

초판 1쇄 인쇄 2016년 10월 19일
초판 2쇄 발행 2021년 10월 20일

지은이 추일승
펴낸이 이형진
디자인 김수미

펴낸곳 콘텐츠 케이브
출판등록 제301-2012-091호
주소 (04616) 서울특별시 중구 퇴계로56길46 (장충동2가, 4F)
전화 (070)4115-0175 팩스 (02)6455-0175
메일 contentscave@gmail.com
홈페이지 http://www.contentscave.com
페이스북 http://www.facebook.com/contentscave
한국어판 출판권ⓒ 콘텐츠 케이브, 2016

ISBN 978-89-98623-14-2 13690

• 가격은 뒤표지에 있습니다.
• 잘못 만들어진 책은 구매하신 서점에서 교환해 드립니다.

이 도서의 국립중앙도서관 출판시도서목록(CIP)은 서지정보유통지원시스템
홈페이지(http://seoji.nl.go.kr)와 국가자료공동목록시스템(http://www.nl.go.
kr/kolisnet)에서 이용하실 수 있습니다. (CIP 제어번호: 2016023931)